Doris Haas-Arndt

Wasserkreislauf im Gebäude

Doris Haas-Arndt

Wasserkreislauf im Gebäude

BIRKHÄUSER
BASEL

Inhalt

Vorwort

Die Verfügbarkeit von Trinkwasser in Gebäuden wird in entwickelten Industriestaaten als selbstverständlich hingenommen. Trinkwasser ist jedoch ein wertvolles Gut und in vielen Gebieten der Erde Mangelware. Die Gewinnung und Aufbereitung von Trinkwasser wird auch in den Industriestaaten immer aufwendiger und somit für den Verbraucher kostspieliger. Ebenso ist die Entsorgung und Reinigung von Abwassern eine arbeitsintensive und aufgrund der Inhaltsstoffe immer komplexere Aufgabe.

Als Schnittstelle zwischen Trinkwasser und Abwasser sind die Verteilung, der Verbrauch und die Entsorgung innerhalb von Gebäuden ein wichtiger Bestandteil der Planung von Architekten. Die Anordnung von Ver- und Entsorgung in Installationssträngen und die technischen Erfordernisse haben Einfluss auf die Verortung von Sanitär- und Küchenbereichen im Grundriss. Zudem ist die Vermeidung eines hohen Wasserverbrauchs ein wichtiges Thema in der technischen Gebäudeplanung.

Um diese Leitgedanken im Entwurf von Beginn an berücksichtigen zu können, ist ein breites Wissen über Anforderungen und Möglichkeiten zur Reduzierung des Wasserverbrauchs notwendig. Dieses umfasst neben den technischen Systemen vor allem das Verständnis für Zusammenhänge und Abhängigkeiten. Wichtig ist, die Konzeption des Wasserkreislaufs im Gebäude als integralen Bestandteil einer Entwurfsaufgabe zu begreifen.

Der Band *Wasserkreislauf im Gebäude* ist für Architekturstudenten und Berufsanfänger ohne Vorwissen im Bereich der Haustechnik geeignet. Er erarbeitet mit Hilfe von leicht verständlichen Einführungen und Erklärungen schrittweise die Inhalte des Themenbereichs. Der Weg des Wassers durch das Haus wird entlang der Stationen mit ihren spezifischen Aufgaben und Anforderungen beschrieben, sodass Studenten die Zusammenhänge vollständig verstehen und in ihre eigenen Entwürfe einbringen können.

Bert Bielefeld, Herausgeber

Einleitung

Zur zeitgemäßen Ausstattung eines Gebäudes gehört ein komplexes Leitungsnetz, das die Trinkwasserversorgung und Abwasserentsorgung sichert. Dabei handelt es sich um einen Zyklus, der mit dem natürlichen Wasserkreislauf vergleichbar ist: Frisches Wasser wird gewonnen, dem Gebäude zugeführt, über ein Leitungsnetz verteilt, gegebenenfalls erwärmt und gelangt zu den Zapfstellen in Bädern, Küchen oder anderen Sanitärräumen. Sobald es die Trinkwasserleitung durch den Wasserhahn verlässt, wird es zu Abwasser und fließt über das Abwasserleitungsnetz in die Kanalisation, wo es wieder gereinigt und schließlich in natürliche Gewässer zurückbefördert wird. Diesen Kreislauf müssen Architekten in die Gebäudeplanung integrieren, denn ohne eine sorgfältig geplante und gut funktionierende Wasser- und Abwassertechnik kann kein WC gespült, keine Waschmaschine betrieben und keiner Dusche Wasser entnommen werden.

In den folgenden Kapiteln werden die einzelnen Stationen des Wassers innerhalb eines Gebäudes entlang dieses Wasserkreislaufs betrachtet und die an den Kreislauf angeschlossenen Elemente in ihrer Funktionsweise beschrieben. Auf diese Weise soll deutlich werden, wie die Trinkwasserversorgung funktioniert, wie sie in ein Gebäude eingeplant wird und welche Aspekte hierbei zu berücksichtigen sind. Es wird darüber hinaus erläutert, wie Abwasser entsteht und in die Kanalisation abgeleitet wird, welche Probleme bei der Ver- und Entsorgung mit Wasser insgesamt auftreten und welche Lösungsmöglichkeiten hierfür zur Verfügung stehen.

Wasserversorgung

Etwa zwei Drittel der Erdoberfläche sind mit Wasser bedeckt. Davon sind allerdings nur etwa 0,3 % Süßwasser und damit potenzielles Trinkwasser. Als Trinkwasser wird qualitativ sehr hochwertiges Süßwasser bezeichnet, dessen Reinheitsgrad dafür sorgt, dass es für den menschlichen Gebrauch geeignet ist.

DER NATÜRLICHE WASSERKREISLAUF

Der natürliche Wasserkreislauf besteht aus einer ständigen Abfolge von Verdunstung, Niederschlag, Abfluss des Regenwassers in Oberflächengewässer oder dessen Versickerung im Boden zur Anreicherung des Grundwassers. Unter Sonneneinstrahlung bzw. Wärmeeinwirkung steigt Wasserdampf auf, bildet Wolken und fällt als Niederschlag wieder auf die Erde. Ein Teil des versickernden Regenwassers wird durch die Saugfähigkeit des Bodens aufgenommen, verdunstet oder wird durch die kapillare Aufnahme des Wassers von Pflanzen verbraucht. Ein anderer Teil gelangt bis in tiefere Bodenschichten und sorgt dort für die Regulierung des Grundwasserspiegels. > Abb. 1

Grundwasser   Als Grundwasser wird Niederschlagswasser bezeichnet, das sich im Boden auf einer undurchlässigen Schicht ablagert und ganzjährig eine Temperatur zwischen 8 und 10 °C aufweist. Grundwasser ist meist keimfrei und wird über tiefe Brunnen mit Pumpanlagen gewonnen. Es ist für etwa drei Viertel der Trinkwasserversorgung verantwortlich und

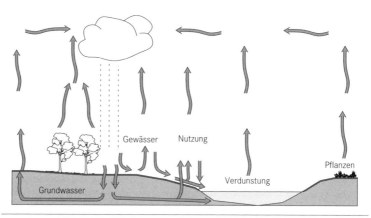

Abb. 1: Der natürliche Wasserkreislauf

durchläuft mehrere Reinigungsstufen und Filteranlagen, bevor es in das öffentliche Versorgungsnetz eingespeist wird.

Durch die ausgiebige Entnahme von Grundwasser sowie durch die Versiegelung umfassender städtischer Flächenareale wird in den natürlichen Kreislauf massiv eingegriffen. Das Regenwasser kann auf versiegelten Flächen nicht mehr auf natürliche Weise ins Grundwasser versickern, sondern wird direkt in Oberflächengewässer oder in die Kanalisation abgeführt. Darüber hinaus wird der Grundwasserspiegel durch Bebauung, Abholzung und Kanalisierung stark abgesenkt. ○

Außerdem wird das System durch die umfangreiche Entnahme von Grundwasser für Landwirtschaft und Industrie sowie durch die von dort eingeleiteten Schadstoffe beeinträchtigt. Düngemittel, Pflanzenschutzmittel, Mülldeponien, Straßenabwässer sowie Industrieemissionen, die als „saurer Regen" ins Grundwasser versickern, sorgen für einen besorgniserregenden Schadstoffeintrag, der nur durch aufwendige Reinigungsmaßnahmen wieder abgebaut werden kann. Sowohl die steigende Belastung des Wassers als auch der hohe Wasserverbrauch führen insgesamt zu einem ökologischen Ungleichgewicht, dessen negative Folgen hohe Kosten verursachen.

ANFORDERUNGEN AN DAS TRINKWASSER

Trinkwasser, das für den menschlichen Gebrauch bestimmt ist, muss bestimmten Anforderungen genügen. Es soll geruch- und farblos, frei von Krankheitserregern und Keimen sein und einwandfrei schmecken. Jede Entnahmestelle muss Trinkwasser bester Qualität mit ausreichendem Leitungsdruck zur Verfügung stellen. Für chemische Beimengungen zur Entkeimung des Wassers und für andere mögliche Inhaltsstoffe sind bestimmte Grenzwerte einzuhalten, die für die Europäische Union in einer EU-Richtlinie und in regionalen Trinkwasserverordnungen festgelegt sind. Die Beschaffenheit des Wassers und die Grenzwerte der Inhaltsstoffe werden, je nach Festlegungen zur Trinkwassergüte des jeweiligen Landes, regelmäßig überprüft. Die Anforderungen an die Trinkwasserqualität wachsen jedoch stetig. Bei dem heutigen Verschmutzungsgrad kann ihnen nur mit großem Aufwand und steigenden Kosten genügt werden. ○

○ **Hinweis:** Zu Versiegelung führen Belagsarten des Bodens, die für Wasser undurchlässig sind, wie z. B. Asphalt. Sie verhindern die Grundwasserneubildung, da kein Niederschlag auf natürliche Weise in den Boden gelangen und ins Grundwasser versickern kann.

○ **Hinweis:** Der Rat der Europäischen Union hat die Richtlinie 98/83 (EU-Trinkwasser-Richtlinie), betreffend die Qualität von Trinkwasser für den menschlichen Gebrauch, verabschiedet, die alle Mitgliedsstaaten verpflichtet, sie nach und nach in nationales Recht umzusetzen.

Tab. 1: Härtebereich des Wassers

Härtebereich	Härte in mmol/l	Bezeichnung
1	< 1,3	weich
2	1,3–2,5	mittelhart
3	2,5–3,8	hart
4	> 3,8	sehr hart

Härtegrad

Wasser mit hohem Kalk- und Magnesiumgehalt wird als hart, solches mit einem geringen Kalk- und Magnesiumgehalt als weich bezeichnet. Bei hohen Härtegraden kommt es zu Ablagerungen im Rohrleitungsnetz, die Inkrustationen genannt werden. Bei hartem Wasser wird zur Reinigung der Wäsche wesentlich mehr Waschmittel verbraucht, und es können sich Kalkschleier auf dem Geschirr bilden, das im Geschirrspüler gereinigt wird. Die Wasserhärte wird in mmol/l (Millimol pro Liter) gemessen. Der Härtegrad variiert je nach dem Ort des Wasservorkommens. > Tab. 1 Wasser mit weniger als 30 mg/l Calciumhydrogencarbonat wiederum kann im Leitungsnetz keine Schutzschicht ausbilden, sodass die Rohrmaterialien durch die Säuren angegriffen werden und korrodieren. Auf die Gesundheit hat die Wasserhärte eher einen untergeordneten Einfluss.

pH-Wert

Eine wichtige Größe zur Beurteilung der „Aggressivität" des Wassers stellt der pH-Wert (Lateinisch: potentia Hydrogenii) des Trinkwassers dar. Der pH-Wert bezeichnet die im Wasser enthaltene Konzentration von Wasserstoff-Ionen, genauer gesagt, den negativen Logarithmus der Wasserstoff-Ionen-Konzentration. Reines Wasser weist auf der Skala einen pH-Wert von 7 auf, d. h., in einem Liter Wasser befinden sich 10-7 gH-Ionen. Ist er niedriger als 7, reagiert das Wasser sauer, also aggressiv; liegt er höher, reagiert das Wasser basisch oder alkalisch, sodass die Kalkausscheidung höher ist.

TRINKWASSERBEDARF

Im 19. Jahrhundert wurden in Deutschland etwa 30 l Trinkwasser pro Kopf und Tag für den Verzehr und für die körperliche Hygiene gebraucht, heute hingegen sind es etwa 130 l, die durch den gestiegenen sanitären Komfort, wie z. B. fließendes Wasser, Duschen oder Wasserspülung der Toiletten, schnell erreicht werden. Dieser Verbrauch ist zwar sehr hoch, stellt aber bereits einen reduzierten Wert dar, da in den letzten Jahren vielfach Spararmaturen in Bad und WC eingesetzt wurden. Eine steigende Wassernutzung ist hingegen bei Industrie, Gewerbe und Landwirtschaft zu verzeichnen. Die Bewässerung landwirtschaftlicher Flächen stellt weltweit den größten Posten im Verbrauch von Trinkwasser dar.

In den Industriestaaten sind nahezu alle Gebäude an das öffentliche Trinkwassernetz angeschlossen. Viele Milliarden Kubikmeter Wasser werden pro Jahr dem natürlichen Wasserkreislauf für die Trinkwasserversorgung entnommen. Der größte Teil davon stammt aus Grundwasser und aus Oberflächengewässern, der Rest wird z. B. aus Uferfiltrat gewonnen. Mit dem Begriff Oberflächenwasser wird Wasser aus Flüssen oder Seen bezeichnet, das meist mechanisch sowie mit Bakterien verunreinigt ist und erst nach einem längeren Reinigungsprozess als Trinkwasser zur Verfügung steht.

Insbesondere in Ballungs- und regionalen Wassermangelgebieten muss Trinkwasser zum Teil aus weit entfernten Regionen zu seinem Bestimmungsort transportiert werden. Zudem fließt Regenwasser wegen des hohen prozentualen Anteils versiegelter Flächen in den Städten meist auf direktem Weg in die Kanalisation. Da es also besonders schwierig ist, die benötigte Trinkwassermenge an solchen Orten bereitzustellen, spielt gerade hier die Verringerung des Trinkwasserbedarfs eine große Rolle.

Der tägliche Trinkwasserbedarf teilt sich im privaten Haushalt auf verschiedene Nutzungen auf. > Tab. 2 Dabei ist die eigentliche Verzehrmenge im Vergleich denkbar gering. Etwa 5 l Wasser werden wirklich getrunken oder zum Kochen verwendet, die übrige Trinkwassermenge wird für andere Zwecke eingesetzt. Zeitliche Schwankungen des Bedarfs werden durch eine Speicherung des Trinkwassers im Wasserwerk ausgeglichen.

Der Anteil des Warmwasserbedarfs liegt heute im Wohnungsbau bei durchschnittlich 30 bis 60 l pro Person und Tag. Er kann jedoch tageweise und je nach den Gewohnheiten der Nutzer stark variieren. Für ein Wannenbad sind etwa 120 bis 180 l Warmwasser von 40 °C für ein fünfminütiges Duschbad etwa 40 l von 37 °C notwendig. Durch die Wahl eines Duschbades statt eines Wannenbads können also Energie und Trinkwasser eingespart werden.

Tab. 2: Typische Verbrauchswerte von Trinkwasser

Tätigkeit	Verbrauch in l/Tag/Person
Trinken und Kochen	5
Einfache Körperpflege	10
Baden und Duschen	38
Geschirrspülen	8
Putzen	8
Wäsche	15
Toilettenspülung	40
Gartenbewässerung	6
Gesamt	**130**

EINSPARUNG VON TRINKWASSER

Für die Einsparung von Trinkwasser stehen heute zahlreiche Möglichkeiten in der Sanitärtechnik zur Verfügung: in Duschköpfen eingebaute Durchflussbegrenzer, Wasser sparende Armaturen, Wasserspartoiletten sowie Haushaltsgeräte, wie z. B. Waschmaschinen und Geschirrspüler, mit reduziertem Wasserverbrauch. Auch die Installation von Wasserzählern in jeder Wohnung statt einer zentralen Zählanlage im Kellergeschoss hat sich beim Wassersparen bewährt, weil der Verbrauch vom Nutzer unmittelbar mitverfolgt werden kann und er nur für seinen Wasserbedarf bezahlt. WC-Spülkästen mit Stopptasten und einer Wassermenge von 4–6 l pro Spülgang sind heute meist Standard. Weiter gehende Systeme wie z. B. Vakuumtoiletten kommen mit 1,2 l Spülwasser pro Spülgang aus. Ganz ohne Wasserspülung arbeiten Komposttoiletten, die es in unterschiedlichen Bauarten gibt. > Kap. Trinkwasseranlagen in Gebäuden, Sanitärräume

Eine genauere Analyse des Trinkwasserverbrauchs verdeutlicht, dass für die wenigsten Nutzungen Wasser mit Trinkwasserqualität erforderlich ist. > Tab. 2 Reines Trinkwasser wird lediglich für die Körperpflege, zum Geschirrspülen sowie zum Kochen und Trinken benötigt. Für die Toilettenspülung, zum Putzen oder für die Gartenbewässerung reicht die Qualität von Regenwasser aus. Der Wasserverbrauch kann deshalb durch die Verwendung von Regenwasser deutlich reduziert werden. Gereinigtes Grauwasser aus Duschen und Waschbecken ließe sich beispielsweise auch zur WC-Spülung einsetzen. > Kap. Abwasser, Nutzung von Abwässern

Allein durch moderne Spararmaturen im Sanitärbereich kann der durchschnittliche Trinkwasserbedarf bereits auf etwa 100 l pro Person und Tag reduziert werden. Mit einigen weiteren der genannten Maßnahmen wäre sogar weniger als die Hälfte des normalen Trinkwasserbedarfs ohne nennenswerten Komfortverlust möglich.

Trinkwasseranlagen in Gebäuden

Der Wasserkreislauf beginnt im Gebäude in der Regel mit der Versorgung mit kaltem Trinkwasser durch einen Leitungsanschluss an das öffentliche Wasserversorgungsnetz, es sei denn, das Grundstück verfügt über eine Einzelversorgungsanlage (Brunnen). In größeren Städten und Gemeinden liegen die Anschlüsse der öffentlichen Trinkwasserversorgung üblicherweise in einer frostfreien Tiefe zwischen 1,00 und 1,80 m unterhalb des Gehwegs. Jedes Grundstück erhält eine eigene Trinkwasseranschlussleitung, die von der öffentlichen Versorgungsleitung rechtwinklig in das Gebäude bis in den Hausanschlussraum bzw. bis zur Hauptabsperreinrichtung und zur Wasserzählanlage geführt wird. > Abb. 2 Im Wohnungsbau hat diese Leitung eine Nennweite von etwa 25 cm (DN 25).

Um die Lage des Trinkwasseranschlusses kenntlich zu machen, werden in einigen europäischen Ländern an benachbarten Hauswänden farbige Hinweisschilder angebracht, welche das Auffinden des Trinkwasseranschlusspunktes erleichtern. Die auf den Schildern angegebenen Linien und Zahlen geben die Entfernung des Trinkwasseranschlusses – vom Schild aus gesehen – nach rechts oder links sowie nach vorn oder hinten an. Die aufgeführten Abkürzungen bezeichnen in der Regel die Art des Anschlusses, die dazugehörigen Zahlenangaben dessen Nennweite. ○

Damit sich keine Keime bilden können, erfolgt die Versorgung des Gebäudes mit kaltem Trinkwasser, d. h. mit einer Temperatur zwischen 5 und 15 °C. Um warmes Wasser zu erhalten, muss das Trinkwasser im Wassertemperatur

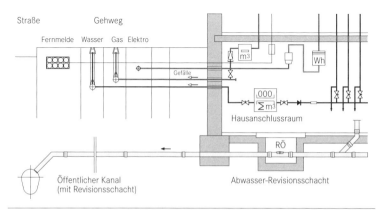

Straße   Gehweg

Fernmelde   Wasser   Gas   Elektro

Gefälle

m3

Wh

,000,
Σ m3

Hausanschlussraum

RÖ

Öffentlicher Kanal
(mit Revisionsschacht)

Abwasser-Revisionsschacht

Abb. 2: Ver- und Entsorgungsleitungen eines Gebäudes

Gebäude erst erwärmt werden. Mit dem Begriff Warmwasser wird Trinkwasser mit einer Temperatur zwischen 40 und 90 °C bezeichnet. Für die Körperreinigung reicht eine Warmwassertemperatur von 40 bis 45 °C aus, während zum Geschirrspülen eine Temperatur von 55 bis 85 °C notwendig ist, damit hygienische Sauberkeit erzielt wird.

Wasserdruck   Die Verteilung des Trinkwassers im Leitungsnetz erfolgt durch den im Wasserversorgungsunternehmen erzeugten Wasserdruck. Im öffentlichen Leitungsnetz beträgt der Wasserdruck in der Leitung meist zwischen 6 und 10 bar und wird durch den im Leitungsnetz des Gebäudes eingebauten Druckminderer auf 5 bar oder weniger verringert. > Kap. Trinkwasseranlagen in Gebäuden, Anlagenkomponenten der Trinkwasserversorgung

Diese Werte können örtlich variieren und sind nur als Anhaltswerte zu verstehen. Der Überdruck an der Entnahmestelle sollte jedoch 0,5 bar nicht unterschreiten, da sonst das Wasser nicht richtig verteilt werden kann. Druckverluste im Leitungssystem ergeben sich z. B. durch große Höhenunterschiede zwischen der Anschlussleitung und der Entnahmestelle. Die Druckabnahme kann überschlägig mit 1 bar pro 10 m Höhe angenommen werden.

ANLAGENKOMPONENTEN DER TRINKWASSERVERSORGUNG

Zur Verteilung des Trinkwassers innerhalb des Gebäudes steht bei einer Trinkwasserversorgungsanlage ein verzweigtes Netz aus horizontalen und vertikalen Leitungen zur Verfügung, das in der Regel nicht sichtbar in Installationsschächten, Vorwandinstallationen, Fußbodenaufbauten oder Wandschlitzen untergebracht wird. Darüber hinaus gehören Wasserzähler zur Ermittlung des Verbrauchs, Sicherheitseinrichtungen, Absperrarmaturen und die angeschlossenen Entnahmestellen zu den Anlagenkomponenten einer Trinkwasseranlage.

Hausanschluss   Die Anschlussvorrichtung an die öffentliche Versorgungsleitung und der Wasserzähler gehören als Bestandteile der in das Haus eingeführten Trinkwasseranlage meist dem Wasserversorgungsunternehmen. Die Anschlussleitung, die auf kürzestem Wege in das Gebäude zu führen ist, darf im Vorbereich des Gebäudes nicht überbaut werden, damit sie auffindbar bleibt und Reparaturen an ihr vorgenommen werden können.

○ **Hinweis:** Die Abkürzung DN, die sich als Bezeichnung in jedem Leitungsplan befindet, bedeutet „Diametre Nominal" und bezeichnet, wie auch der Begriff Nennweite, den Innendurchmesser einer Leitung. Die angegebenen Nennweiten können je nach staatlicher Regelung sowie Größen der Anlagen variieren.

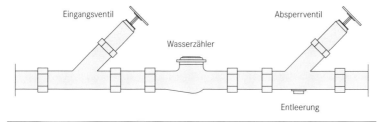

Abb. 3: Trinkwasserzähler im Hausanschlussraum

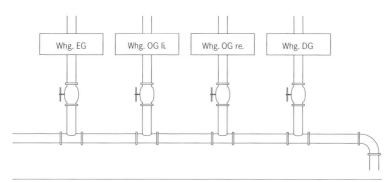

Abb. 4: Unterverteilung der Trinkwasserzufuhr durch eine Verteilerbatterie

Die Rohrdurchführung durch die Hauswand oder das Fundament muss aus Sicherheitsgründen rechtwinklig erfolgen und die Leitung mit einem Schutzrohr umgeben sein.

Der geeichte Wasserzähler wird unmittelbar zwischen der Hauptab- Wasserzähler sperrarmatur des öffentlichen Leitungsnetzes und der internen Absperr- armatur des Gebäudes installiert. Die beiden Absperreinrichtungen er- möglichen das problemlose Auswechseln des Zählers. > Abb. 3

Der Planungsbereich des Architekten beginnt erst nach dem Was- serzähler. Dieser sollte in einem frostsicheren und leicht zugänglichen Raum, z. B. in einem straßenseitig gelegenen Hausanschlussraum, unter- gebracht werden, damit die jährliche Ablesung auf einfache Weise erfol- gen kann. Ist die Montage des Wasserzählers innerhalb des Gebäudes nicht möglich, kann er alternativ auch in einem Zählerschacht außerhalb des Gebäudes untergebracht werden. Dies kann sogar vorgeschrieben sein, damit eine Ablesung des Zählerstandes auch ohne Anwesenheit des Eigentümers möglich ist.

Sind mehrere Steigleitungen für die Trinkwasserverteilung in den Ge- Verteilerbatterie schossen eines Gebäudes erforderlich, wie z. B. in einem Mehrfamilien- haus zur Versorgung einzelner Wohnungen, wird eine Verteilerbatterie zwischengeschaltet. > Abb. 4 Oft werden neben der Unterteilung der

Absperrschieber		Rohrbelüfter, Rohrentlüfter	
Absperrarmatur		Versorgungsleitung	
Absperrarmatur mit Entleerungsventil		Waschbecken	
Druckminderer			
Rückflussverhinderer		WC	
Rückflussverhinderer mit Entleerungsventil			
Wasserzähler		Dusche mit Schlauchbrause	
Filter			
Sicherheitseckventil, federbelastet		Spülmaschine	
Wärmeerzeuger		Waschmaschine	

Abb. 5: Erläuterung der im Schnitt einzusetzenden Symbole

Trinkwasserzufuhr eine Heizungszuleitung, separate Entnahmestellen (z. B. im Außenbereich) oder, falls notwendig, eine Leitung für eine Löschwassereinrichtung abgetrennt. Jede einzelne Steigleitung der Verteilerbatterie wird sorgfältig beschriftet, damit eine Zuordnung der jeweiligen Leitung zu ihrem Zielpunkt erfolgen kann. Jeder Steigstrang ist mit einem separaten Absperrventil zu versehen, damit er zum Komponententausch vom System getrennt werden kann.

Plandarstellung und Symbole

Um die Verständigung über einzubauende Anlagenkomponenten im Gebäude und deren räumliche Lage und Anordnung zu erleichtern, werden in der europäischen Norm EN 806 und ergänzend dazu in den regional gültigen Normen für die Erstellung von Planzeichnungen zur Konzeption von Trinkwasseranlagen bestimmte grafische Symbole für die Anlagenteile und die sanitären Einrichtungen angegeben. > Abb. 5 Diese Normen können sich regional unterscheiden. Um die Trinkwasseranlage

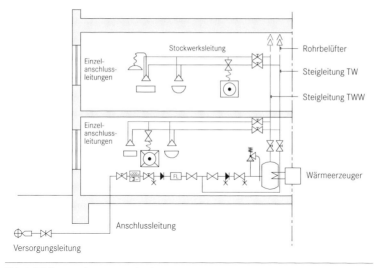

Abb. 6: Trinkwasserleitungsnetz im Schnitt

und die zugehörige Leitungsführung vollständig darzustellen, sind Eintragungen in Grundriss und Schnitt notwendig. Da beispielsweise die eingetragenen Sanitärgegenstände im Grundriss von oben gesehen werden, ist die Darstellung zum Teil nach Grundriss oder Schnitt zu unterscheiden. Zur Erläuterung der verwendeten Zeichen ist generell eine auf dem Plan befindliche Legende hilfreich.

Die Darstellung im Schnitt sollte schematisch erfolgen und möglichst nur Informationen zur Trinkwasserversorgung enthalten. Die Reihenfolge der eingetragenen Symbole der Trinkwasserversorgung entspricht jedoch der tatsächlichen Anordnung der Sanitärelemente. Symbole und Leitungsführung werden so dargestellt, als wäre das Leitungsnetz mit den Entnahmestellen in einer Schnittebene aufgeklappt zu sehen. > Abb. 6

Bei der Darstellung im Grundriss ist darauf zu achten, dass auf- oder absteigende Leitungen mit Richtungspfeilen gekennzeichnet werden, die jeweils die Verlaufsrichtung der Leitung anzeigen. > Abb. 7 Sie geben auch an, ob eine Leitung im dargestellten Geschoss beginnt, endet oder ob sie durchlaufend ist. > Abb. 8

Darstellung im Schnitt

Darstellung im Grundriss

Bezeichnung der Leitungsteile

Jeder Leitungsteil der Trinkwasseranlage wird mit besonderen Bezeichnungen versehen, die sich in den meisten Fällen von anderen Versorgungsanlagen unterscheiden. > Abb. 6 Die wesentlichen Bezeichnungen sind <u>Anschlussleitung (AL)</u> für die Leitung zwischen öffentlicher Versorgungsleitung und Hauptabsperrarmatur im Gebäude, <u>Steigleitung (SL)</u>

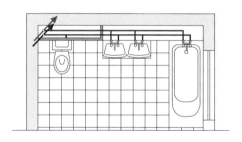

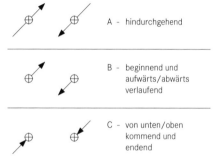

A - hindurchgehend

B - beginnend und aufwärts/abwärts verlaufend

C - von unten/oben kommend und endend

Abb. 7: Trinkwasserleitungsnetz innerhalb eines Badezimmers im Grundriss

Abb. 8: Darstellung der Verlaufsrichtung von Leitungen

für die vertikal durch das Gebäude führende Leitung, von der die Stockwerksleitungen (SWL) horizontal abzweigen, sowie die <u>Zirkulationsleitung (ZL)</u>, die für eine ständige Bereithaltung von Warmwasser an der Zapfstelle sorgt, jedoch nicht zwingend notwendig ist. Die von der horizontalen Stockwerksleitung zur Entnahmestelle vertikal abzweigende Leitung wird als <u>Einzelzuleitung (EZL)</u> bezeichnet. Der Innendurchmesser von Steigleitungen liegt im Wohnungsbau etwa bei DN 20, bei Stockwerksleitungen etwa bei DN 15, d. h., die Nennweite beträgt 20 bzw. 15 mm.

Zirkulationsleitung

Eine Zirkulationsleitung sorgt dafür, dass an den Entnahmestellen ohne zeitlichen Verzug Warmwasser zur Verfügung steht. Dies hat den Vorteil, dass nicht erst eine größere Menge Kaltwasser durch die Leitung fließen muss, bevor die Warmwasserversorgung einsetzt, wie dies häufig bei Durchlauferhitzern der Fall ist. Nachteilig ist der ständige Stromverbrauch, der für die Pumpenleistung bei ständiger Zirkulation des Wassers im Leitungsnetz benötigt wird. Eine zeitgeschaltete Pumpe, die nur dann läuft, wenn Warmwasser benötigt wird, kann jedoch Abhilfe schaffen.

Leitungsführung

Die horizontale Leitungsführung kann sowohl unterhalb einer Kellerdecke als auch im Fußbodenaufbau erfolgen. In größeren Gebäuden werden hierfür meist Bodenkanäle vorgesehen, oder es wird eine abgehängte Decke eingebaut. > Abb. 9 Vertikal verlegte Leitungen liegen in Keller- oder Technikräumen frei vor der Wand, > Abb. 10 in den darüberliegenden Geschossen in Installationsschächten oder bei kurzen Leitungsstrecken in halbhohen Vorwandinstallationen. > Kap. Trinkwasseranlagen in Gebäuden, Sanitärräume

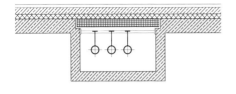

Abb. 9: Leitungsverlegung in einem Bodenkanal

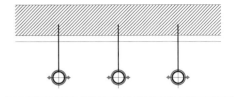

Abb. 10: Leitungsverlegung vor der Wand

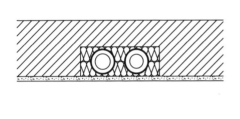

Abb. 11: Leitungsverlegung in einem Wandschlitz

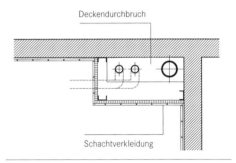

Abb. 12: Leitungsverlegung in einem Installations-schacht

Im Massivbau werden Leitungen auch in gedämmten Wandschlitzen verlegt, wenn die Wand einen ausreichenden Querschnitt aufweist und wenn dieses Vorgehen statisch umsetzbar ist. > Abb. 11 Diese Art der Verlegung wird jedoch aufgrund des Aufwandes sowie des mangelnden Schallschutzes zunehmend von Installationsschächten in Nassräumen abgelöst. > Abb. 12 Vorwandinstallationen stellen im Unterschied zu einem Schacht nur eine Verkleidung der Leitungen im zu versorgenden Raum dar und enden meist auf halber Raumhöhe, während ein Installationsschacht die Leitungsführung durch mehrere Geschosse übernimmt. > Abb. 13

Bemessung der Leitungen

Die Nennweiten (Durchmesser) der Rohrleitungen richten sich nach der Anzahl der angeschlossenen Verbrauchsstellen. > Tab. 3 Zudem müssen bei der Bemessung die Gleichzeitigkeit der Entnahmen, das eingesetzte Rohrmaterial, das Rohrreibungsdruckgefälle und ein Mindestfließdruck

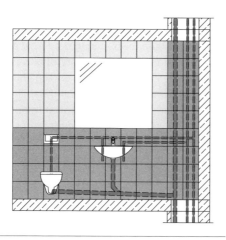

Abb. 13: Vorwandinstallation und Installationsschacht

Tab. 3: Rohrdurchmesser von Trinkwasserleitungen

Leitungsart	Überschlägiger Innendurchmesser
Anschlussleitung	DN 25 bis DN 32
Steigleitung	DN 20
1–5 Zapfstellen	DN 20
5–10 Zapfstellen	DN 25
10–20 Zapfstellen	DN 32
20–40 Zapfstellen	DN 40
Stockwerksleitungen	DN 15
1 WC-Spülkasten	DN 10 bis DN 15
1–2 Waschtische	DN 15
1 Dusche	DN 15
1 Badewanne	DN 20 bis 25
1 Gartenleitung	DN 20 bis 25

berücksichtigt werden. Der Mindestfließdruck in der Leitung muss so bemessen sein, dass auch an der entferntesten Wasserentnahmestelle immer noch genügend Überdruck im Leitungssystem herrscht, damit die Trinkwasserentnahme einwandfrei funktionieren kann. Das Rohrreibungsdruckgefälle bezeichnet den Druckverlust, der aus der Rohrreibung entsteht. Es wird aus dem Druck innerhalb eines Leitungsteilstückes, dividiert durch dessen Länge, ermittelt.

Materialien

Zeitgemäße Anschlussleitungen für die Trinkwasserversorgung, die außerhalb des Gebäudes im Erdreich liegen, bestehen in der Regel aus Kunststoff (Polyethylen HD), da bei Metallrohren ein zusätzlicher Korrosionsschutz erforderlich ist. Neuerdings werden auch mehrschichtige Metallverbundrohre genutzt, welche die Vorteile von Metall (Stabilität) und Kunststoff (Korrosionsbeständigkeit) in einem Werkstoff vereinen.

Innerhalb des Gebäudes werden entweder Kupfer, feuerverzinkter Stahl, Edelstahl oder ebenfalls Kunststoff (Polyethylen) als Werkstoffe für Trinkwasserleitungen eingesetzt. Kunststoffleitungen sind frei beweglich und können wegen ihres geringen Querschnittes in beliebigen Radien auch im Fußbodenaufbau verlegt werden. Polyethylenrohre werden meist als Rohr-in-Rohr-System ausgeführt: Die flexible Trinkwasserleitung (PE-X) wird mit einem zusätzlichen, biegsamen äußeren Schutzrohr (PE-HD) versehen und kann bei Bedarf aus dem Rohr herausgezogen und ausgewechselt werden. Kunststoffrohre haben neben ihrer hohen Flexibilität auch den Vorteil der Unempfindlichkeit gegen Inkrustationen und Korrosion. Beim Einsatz von Metallrohren oder beim Austausch von Rohrteilen in der Altbausanierung darf in Fließrichtung jeweils nur das höherwertige Material eingebaut werden, z. B. Kupfer hinter Stahl, da sonst Korrosion entstehen kann.

Sicherheitseinrichtungen

In der Regel werden Schutzmaßnahmen getroffen, um die hohe Qualität des Trinkwassers zu erhalten. Diese darf sich keinesfalls innerhalb des Leitungssystems, z. B. durch das Eindringen von Nichttrinkwasser, verschlechtern. Durch entsprechende Sicherheitseinrichtungen soll also sowohl das Rückfließen oder Rücksaugen von verunreinigtem Wasser als auch die generelle Vermischung mit Wasser geringerer Güte verhindert werden. Dies könnte beispielsweise geschehen, wenn durch einen Rohrbruch ein Unterdruck im Leitungssystem entsteht und gleichzeitig ein Duschkopf im Badewasser liegt. Ohne Schutzeinrichtungen würde das Badewasser durch die Sogwirkung des Unterdrucks ungehindert ins Trinkwasser gelangen.

○ **Hinweis:** Polyethylen HD wird für erdverlegte Leitungen eingesetzt, PE-X im Wesentlichen für Innenrohre, die jedoch meist mit einem zusätzlichen Schutzmantel aus PE-HD versehen werden. HD bedeutet „hohe Dichte", PE-X „vernetztes Polyethylen".

○ **Hinweis:** Mit der Reinhaltung des Trinkwassers innerhalb von Gebäuden befasst sich auch die Europäische Norm DIN EN 1717, „Schutz des Trinkwassers vor Verunreinigungen in Trinkwasser-Installationen und allgemeine Anforderungen an Sicherheitseinrichtungen zur Verhütung von Trinkwasserverunreinigungen durch Rückfließen".

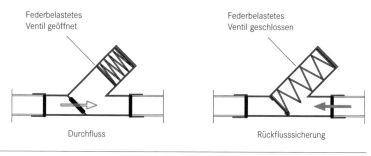

Federbelastetes Ventil geöffnet	Federbelastetes Ventil geschlossen
Durchfluss	Rückflusssicherung

Abb. 14: Das Prinzip eines Rückflussverhinderers

Rückfluss-
verhinderer

Zu den Sicherheitsarmaturen bei der häuslichen Installation gehört beispielsweise der unmittelbar nach dem Wasserzähler eingebaute Rückflussverhinderer. Durch ein selbsttätig schließendes, federbelastetes Ventil beugt er einem Rückfließen des Trinkwassers in der Leitung vor. Der Rückflussverhinderer ist nur geöffnet, wenn Wasser in Fließrichtung hindurchfließt. Wird der Zustrom unterbrochen, schließt er sich wieder. Bei einer Umkehr der Fließrichtung wird er zusätzlich zugedrückt. > Abb. 14

Rohrbelüfter

Rückflussverhinderer werden meist in Kombination mit einem Rohrbelüfter eingebaut, der ebenfalls einen möglichen Unterdruck im Leitungssystem ausgleichen soll, um ein Rücksaugen von verunreinigtem Wasser in das Trinkwasserleitungsnetz zu verhindern. Der Rohrbelüfter befindet sich am obersten Ende jeder Kalt- oder Warmwassersteigleitung. Im Normalfall ist das Ventil innerhalb des Rohrbelüfters geschlossen. > Abb. 15 Im Zusammenwirken mit dem Rückflussverhinderer wird bei Unterdruck im Leitungssystem das Ventil geöffnet und durch einströmende Luft das Rücksaugen des Wassers in das Leitungsnetz verhindert. > Abb. 16

Da die Gefahr besteht, dass bei Überdruck in der Leitung Wasser aus dem Rohrbelüfter austritt, kann dieser mit einer Tropfwasserleitung verbunden werden, die auftretendes Wasser über einen Anschluss an das Abwasserleitungsnetz in die Kanalisation entsorgt. Befindet sich der Rohrbelüfter oberhalb von Duschen oder Waschbecken, wo eventuell austretendes Wasser keinen Schaden verursachen kann, ist die Tropfwasserleitung entbehrlich.

Druckminderer

Der durch das Wasserversorgungsunternehmen bereitgestellte Wasserdruck wird im Gebäude mit Hilfe eines Druckminderers reduziert, da er für eine normale Entnahmestelle zu hoch wäre. Der Ausgangsdruck wirkt dabei auf eine bewegliche Membran, die ein angeschlossenes Federventil – abhängig von der Einstellung – entweder öffnet oder schließt. > Abb. 17 Der Druckminderer sollte so eingebaut werden, dass er zu Wartungszwecken zugänglich bleibt.

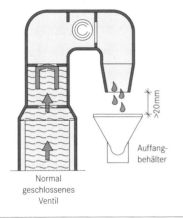

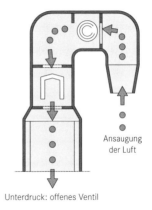

>20mm

Auffang-
behälter

Normal
geschlossenes
Ventil

Ansaugung
der Luft

Unterdruck: offenes Ventil

Abb. 15: Funktionsweise eines Rohrbelüfters mit Tropf-wasserleitung

Abb. 16: Funktionsweise eines Rohrbelüfters ohne Tropfwasserleitung bei Unterdruck

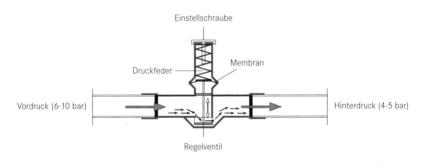

Einstellschraube

Druckfeder

Membran

Vordruck (6-10 bar)

Hinterdruck (4-5 bar)

Regelventil

Abb. 17: Prinzip eines Druckminderers

Um keine Schmutz- oder Rostpartikel im Trinkwasser vorzufinden, Filter
werden in jede Trinkwasseranlage Feinfilter eingebaut. Meist erfolgt die
Installation unmittelbar zwischen Wasserzähler und Druckminderer, damit Letzterer nicht verunreinigt wird. Der Einbau eines Filters ist jedoch
nur sinnvoll, wenn er regelmäßig gewartet wird, da der Filtereinsatz auf
lange Sicht nicht unbedingt keimfrei bleibt.

Im Erdreich installierte Trinkwasserleitungen sollten einen Sicher- Sicherheits-
heitsabstand zu erdverlegten und oberhalb von Trinkwasserleitungen lie- abstände
genden Abwasserleitungen aufweisen, der mindestens 1 m beträgt, damit Verunreinigungen durch Undichtigkeiten ausgeschlossen werden
können. Ist kein Abstand möglich, muss die Trinkwasserleitung generell

Tab. 4: Typische Dämmstoffdicken bei Kaltwasserleitungen

Rohrleitung	Dämmstoffdicke
– Frei verlegt im nicht beheizten Raum – Im Installationsschacht ohne unmittelbar danebenliegende, Wärme führende Leitungen – Im Wandschlitz	4 mm
– Frei verlegt im beheizten Raum	9 mm
– Im Installationsschacht, neben Wärme führenden Leitungen	13 mm

Die Dämmstoffdicke bezieht sich auf eine Wärmeleitfähigkeit von 0,035 W/m²K und ist für andere Dämmstoffe umzurechnen.

oberhalb der Abwasserleitung liegen. In diesem Fall ist ein Abstand von 20 cm ausreichend.

Wärmedämmung   Kalte Trinkwasserleitungen sollten mit Hilfe von Wärmedämmung gegen eine ungewollte Erwärmung durch in unmittelbarer Nähe liegende Warmwasser- oder Heizungsleitungen geschützt oder in ausreichendem Abstand zu ihnen montiert werden, damit sie keimfrei bleiben. Auch wenn sie durch warme Räume geführt werden müssen, sind sie mit Dämmstoff

● zu schützen. > Tab. 4

SYSTEME ZUR WARMWASSERBEREITUNG

Ein Teil des Trinkwassers im Gebäude wird aufgrund des täglichen Bedarfs an Warmwasser vor seiner Verteilung erwärmt. Warmwasserversorgungsanlagen bestehen aus der Kaltwasserzuleitung, dem Wärmeerzeuger, eventuell einem Warmwasserspeicher, der Warmwasserverteilungsleitung, die zu den Entnahmestellen führt, sowie den unter Umständen eingebauten Zirkulationsleitungen, die für die sofortige Bereitstellung von warmem Wasser an der Entnahmestelle sorgen.

● **Wichtig:** Wegen des möglicherweise auftretenden Kondenswassers sind Kaltwasserleitungen darüber hinaus generell unterhalb von Gasleitungen anzuordnen, weil ansonsten durch Korrosion der Gasleitung die Gefahr eines Gasaustritts bestünde.

Tab. 5: Gebräuchliche Dämmstoffdicken bei Warmwasserleitungen

Nennweite der Rohrleitung	Dämmstoffdicke
– bis DN 20	20 mm
– von DN 22 bis DN 35	30 mm
– von DN 40 bis DN 100	gleich DN
– größer DN 100	100 mm
Die halbe Dämmstoffdicke ist ausreichend für Stichleitungen bis zu 8 m Länge	
– bei Wand- und Deckendurchbrüchen	
– bei Leitungskreuzungen	

Wird ein Gebäude zentral von einer Stelle aus mit Warmwasser Leitungsführung versorgt, verlaufen Warmwasserleitungen meist im gesamten Gebäude parallel zu den Kaltwasserleitungen und haben in etwa den gleichen Leitungsquerschnitt. Die Wassertemperatur im Leitungsnetz beträgt zwischen 40° und 60 °C. Um Energieverluste zu vermeiden, sollten Warmwasserleitungen möglichst kurz und bei der Führung durch kalte Räume unbedingt wärmegedämmt sein. Ein entsprechend großer Installationsraum muss bei der Planung der Leitungsführung berücksichtigt werden.

Die Dämmstoffdicke entspricht in etwa dem Durchmesser der Leitung, bei Rohren unter 8 m Länge ist die halbe Dämmstoffdicke ausreichend. Auch bei Wand- und Deckendurchbrüchen oder an Kreuzungspunkten von Leitungen, z. B. im Fußbodenaufbau, genügt die halbe Dämmstoffdicke. > Tab. 5

Warmwasseranlagen können zentral im Gebäude oder dezentral, also Einzel-, Gruppen- und Zentralversorgung direkt an der Zapfstelle, eingesetzt werden. Ist nur eine Entnahmestelle an die Warmwasserbereitung angeschlossen, wird dies als Einzelversorgung, bei mehreren angeschlossenen Zapfstellen als Gruppenversorgung bezeichnet. > Abb. 18 und 19 Bei einer Zentralversorgung werden alle Entnahmestellen über einen zentral installierten Wärmeerzeuger mit Warmwasser versorgt. > Abb. 20 Es ist auch möglich, Einzel-, Zentral- und Gruppenversorgungssysteme miteinander zu kombinieren, um z. B. im Sommer einen zentralen Heizkessel abschalten zu können und dennoch durch eine Einzelversorgungsstelle warmes Wasser zur Verfügung zu haben.

Es gibt im Wesentlichen zwei Typen von Wärmeerzeugern, die für die Wärmeerzeuger Warmwasserbereitung zuständig sind: Durchflusswassererwärmer bzw. Durchlauferhitzer, die das Wasser unmittelbar erhitzen, und Speicherwassererwärmer, die das Wasser ständig warm und zur Entnahme bereithalten. Eine weitere Unterscheidung wird in Bezug auf die Wärmequellen vorgenommen. Wärmequellen können Festbrennstoffe, Öl, Gas, Strom, Erdwärme oder auch Sonnenenergie sein. Die Beheizung erfolgt

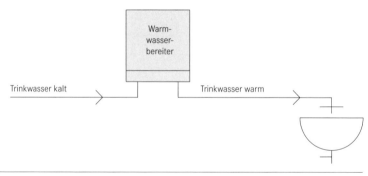

Abb. 18: Einzelversorgung eines Waschtisches mit Warmwasser

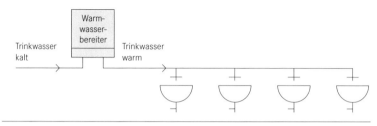

Abb. 19: Gruppenversorgung mehrerer Waschtische mit Warmwasser

entweder mittelbar durch einen <u>Wärmetauscher</u> und ein Wärmeträgermedium oder unmittelbar durch die Abgabe der Wärme an das zu behei-
zende Wasser.

Wenn möglich, werden Wärmeerzeuger für die Beheizung des Gebäudes und für die Warmwasserbereitung gekoppelt, sodass eine zentrale
Anlage im Gebäude aufgestellt wird. Sie besteht aus einem Warmwasserspeicher, der als Brauchwasserspeicher und Wärmequelle für den

○ **Hinweis:** Ein Wärmetauscher wird eingesetzt, um
Wärme von einem Medium auf ein anderes zu übertragen. Das Wärmeträgermedium kann Wasser sein,
welches seine Temperatur an die Luft abgibt, wie z. B.
bei einem Heizkörper. Bei der Warmwasserbereitung
befindet sich der Wärmetauscher innerhalb des
Warmwasserspeichers.

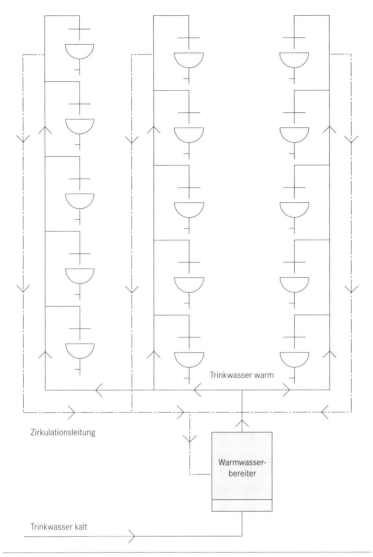

Abb. 20: Zentralversorgung aller Waschtische mit Warmwasser

Heizkreislauf dient, sowie aus einem daran angeschlossenen Wärmeerzeuger, der seine Wärme über den Wärmetauscher an das Brauchwasser abgibt. Warmwasser und Heizwärme werden so mit Hilfe von Pum-
pen über die Leitungsnetze zu den Entnahmestellen und Heizkörpern

transportiert. Zentrale Anlagen haben den Vorteil, dass eine Solaranlage zur Unterstützung der Warmwasserbereitung an den Warmwasserspeicher angeschlossen oder auch später nachgerüstet werden kann.

Durchflusssysteme

Durchflusssysteme, auch Durchlauferhitzer oder Durchfluss-Wassererwärmer genannt, erwärmen das Wasser unmittelbar auf eine Temperatur von etwa 60 °C. > Abb. 21 Sie haben den Vorteil, dass nur die Menge Wasser erwärmt wird, die auch benötigt wird. Im Gegensatz zu Speichersystemen werden bei Durchflusssystemen Bereitschaftsverluste vermieden, und das Wasser kann generell als frisch bezeichnet werden.

Durchfluss-Wassererwärmer sind in der Installation kostengünstig und stellen eine Platz sparende Lösung dar. Sie haben wegen der unmittelbaren Beheizung einen hohen Wirkungsgrad. Unvermeidbar ist jedoch die sogenannte Anfahrphase: Warmes Wasser wird erst mit Verzögerung an der Zapfstelle abgegeben, sodass zunächst kaltes Wasser ungenutzt ins Abwasser fließt. Die Leitungen vom Durchlauferhitzer zur Entnahmestelle sollten möglichst kurz sein, damit diese Kaltwasserphase verkürzt wird. Ganz vermeiden lässt sie sich jedoch nicht.

Durchlauferhitzer können sowohl mit Strom als auch mit Gas betrieben werden. Für elektrische Systeme ist meist ein Drehstromanschluss, für gasbetriebene ein Schornsteinanschluss bzw. ein Abgasrohr notwendig. Strombasiert führen Durchlauferhitzer jedoch zu hohen Energiekosten. Da Strom ohnehin ein sehr aufwendig herzustellender Energieträger ist, sollte er zur Warmwasserbereitung nur dann eingesetzt werden, wenn kleine Warmwassermengen bereitgestellt werden oder wenn aus nachvollziehbaren Gründen kein anderer Energieträger in Frage kommt. Gas wiederum ist zwar ein fossiler Energieträger, die Verbrennung von Gas produziert jedoch im Vergleich zu anderen fossilen Energieträgern die geringste Menge Kohlendioxid (CO_2).

○ **Hinweis:** Fossile Energieträger sind Kohle, Öl oder Gas. Sie produzieren bei ihrer Verbrennung Kohlendioxid (CO2) und tragen zur Klimaerwärmung bei. Darüber hinaus ist der Zeitraum absehbar, an dem sie endgültig aufgebraucht sind und als Energiequelle nicht mehr zur Verfügung stehen.

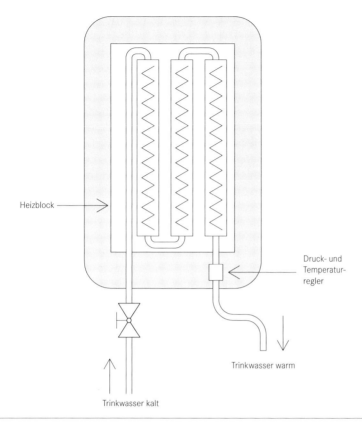

Heizblock

Druck- und
Temperatur-
regler

Trinkwasser warm

Trinkwasser kalt

Abb. 21: Prinzip eines Durchfluss-Wassererwärmers

Sind sie als Gas-Kombithermen ausgeführt, können Durchlauferhitzer mit einem System Warmwasser und Heizwärme gleichermaßen bereitstellen. Die Regelung der Wassermenge kann hydraulisch, thermisch oder elektronisch gesteuert sein. Durchflusssysteme können gleichzeitig mehrere Zapfstellen bedienen und sind entsprechend für Einzel-, Gruppen- und Zentralversorgung einzusetzen. Die Durchflussmenge des Wassers ist jedoch begrenzt; bei hohen gleichzeitigen Entnahmemengen, die beispielsweise in Hotels oder Sportstätten verlangt werden, wäre die Leistung eines Durchflusssystems zu gering. In diesem Fall sollten generell Speichersysteme eingesetzt werden.

Eine Mischform stellen Durchlauferhitzer dar, die über einen kleinen integrierten Warmwasservorrat von etwa 15 bis 100 l verfügen. Wird mehr Wasser benötigt, als im Speicher vorhanden ist, z. B. bei Wannenbädern,

Durchlauferhitzer mit integriertem Speicher

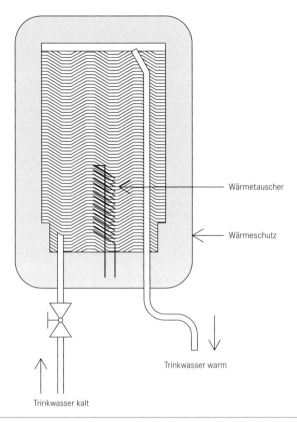

Wärmetauscher

Wärmeschutz

Trinkwasser warm

Trinkwasser kalt

Abb. 22: Prinzip eines Speicher-Wassererwärmers

erwärmt sich das übrige Wasser nach dem Prinzip des Durchlauferhitzers. Durchflusssysteme mit integriertem Speicher werden meist für die Versorgung von kleineren Wohnobjekten mit Warmwasser und Heizwärme eingesetzt.

Speichersysteme

Die sogenannten Speicher-Wassererwärmer heizen das im Speicher vorhandene warme Wasser immer wieder auf, sodass eine Wassertemperatur von etwa 60 °C konstant erhalten bleibt. > Abb. 22 Die Erwärmung des Wassers erfolgt entweder unmittelbar durch eine direkt angeschlossene Heizquelle oder mittelbar durch einen Wärmeträger, etwa durch Soleflüssigkeit bei Solaranlagen. > Kap. Systeme zur Warmwasserbereitung, Solare Warmwasserbereitung

Der Warmwasserspeicher wird meist neben der Heizungsanlage zentral im Gebäude aufgestellt. Er ist wärmegedämmt und kann als geschlossenes, druckfestes System mehrere Zapfstellen versorgen. Offene, drucklose und nicht wärmegedämmte Speicher, wie z. B. Boiler, sind für Einzelentnahmestellen konzipiert.

○

Bei Speichersystemen kann eine Solaranlage angeschlossen oder nachgerüstet werden. Da Speicher und Wärmeerzeuger bei diesen Systemen unmittelbar miteinander verbunden sind, heizt dieser das Wasser im Speicher nach, wenn die übertragene Temperatur der Solaranlage nicht ausreicht oder die Temperatur im Warmwasserspeicher unter ein bestimmtes Niveau gesunken ist. Der Nachteil von Speicher-Wassererwärmern liegt darin, dass bei längerer Verweildauer Wasser auch abgestanden sein kann.

Zentrale Speichersysteme ziehen gegenüber dezentralen Durchlauferhitzern zunächst höhere Installationskosten nach sich, da die Leitungssysteme meist wesentlich länger und deshalb aufwendiger zu verlegen sind, während Durchlauferhitzer nah an den Verbrauchsstellen angeordnet werden. Insgesamt können jedoch Kosten eingespart werden, wenn die Warmwasserbereitung mit der Beheizung des Gebäudes gekoppelt und nur ein Wärmeerzeuger benötigt wird.

Überdimensionierte Leitungssysteme, Systeme zur Trinkwassererwärmung mit großen Speicherkapazitäten oder mangelhaft isolierte Trinkwasserleitungen sorgen dafür, dass sich Legionellen vermehren können. Legionellen sind Stäbchenbakterien, die in kaltem Wasser nur in geringer Konzentration vorhanden sind, sich aber bei leichter Wassererwärmung stark vermehren. Die Infektion des Menschen erfolgt nicht durch das Trinken des Wassers, sondern durch das Einatmen der Aerosole, die mit den Erregern angereichert sind, z. B. beim Duschen. Die Erkrankung äußert sich ähnlich wie eine Lungenentzündung und geht mit Fieber, Muskelschmerzen, Husten und starker Atemnot einher. Sie ist dadurch leicht mit grippalen Erkrankungen zu verwechseln. Wird die Erkrankung nicht rechtzeitig erkannt und mit einem entsprechenden Antibiotikum behandelt, kann sie tödlich verlaufen.

Legionellen

○ **Hinweis:** Drucklose, ungedämmte Speicher können Boiler oder auch sogenannte Kochendwassergeräte sein, die meist als einzelne Untertischgeräte unterhalb von Waschbecken und Küchenspülen eingebaut werden. Sie sind für die Bereitstellung kurzfristig benötigter kleiner Heißwassermengen geeignet, z. B. in Teeküchen von Bürogebäuden.

Sinkt die Wassertemperatur eines Warmwasserspeichers bei längerer Verweildauer auf 30 bis 45 °C, besteht die Gefahr einer Legionellenkontamination. Eine einfache, aber wirksame Methode, die Anreicherung von Legionellen im Trinkwasser zu verhindern, ist die thermische Desinfektion des gespeicherten Wassers. Zu diesem Zweck wird das Warmwasser einmal täglich bis wöchentlich auf über 60 °C erhitzt, sodass die Stäbchenbakterien abgetötet werden. Ein anderes Verfahren stellt die elektrolytische Desinfektion dar, die auf der Erzeugung von desinfizierend wirkenden Stoffen im Wasser beruht.

Solare Warmwasserbereitung

Solarkollektoren sind die umweltfreundlichste Variante der Wärmeerzeugung, da sie keine Emissionen erzeugen. Sogenannte thermische Solaranlagen werden in erster Linie zur Warmwasserbereitung eingesetzt. Je nach Klima können sie bei günstiger Ausrichtung des Gebäudes und bei doppelt so großer Auslegungsfläche auch für die Unterstützung der Heizungsanlage verwendet werden.

Thermische Solaranlagen bestehen aus Flach- oder Vakuumröhrenkollektoren, die sich in ihrer Effizienz und in den Herstellungskosten unterscheiden, dem Solekreislauf zum Transport der gewonnenen Wärme mit Hilfe eines Wasser-Glykol-Gemisches sowie dem Warmwasserspeicher, in dem das Wasser erwärmt wird. Mit Hilfe eines Wärmetauschers im Warmwasserspeicher wird die vom Kollektor transportierte Wärme auf das im Speicher befindliche Wasser übertragen. > Abb. 23

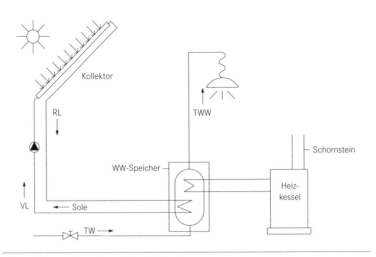

Abb. 23: Schema einer thermischen Solaranlage

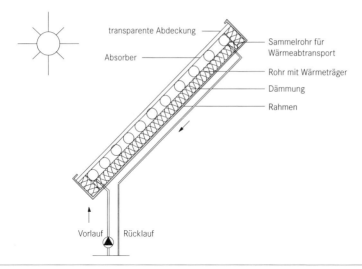

transparente Abdeckung

Absorber

Sammelrohr für
Wärmeabtransport

Rohr mit Wärmeträger

Dämmung

Rahmen

Vorlauf   Rücklauf

Abb. 24: Flachkollektor im Detail

Die Auslegung der Solaranlage hängt von dem gewählten Kollektor-
typ und dem Verwendungszweck, entweder allein zur Warmwasserbereitung oder auch zur Heizungsunterstützung, ab.

Flachkollektoren bestehen im Wesentlichen aus einer Absorber- Flachkollektoren
schicht mit hochselektiver Beschichtung, die eine nahezu vollständige
Absorption der eingestrahlten Solarenergiemenge ermöglicht. Darüber
hinaus gehören eine transparente Abdeckung aus entspiegeltem Sicher-
heitsglas mit hohem Energiedurchlassgrad und einer Wärmedämmung
auf der Rückseite und an den Seiten sowie ein Rahmen zu dieser Anlage.
Über Rohrleitungen, die unterhalb der Glasabdeckung liegen und mit
einem Wärmeträgermedium gefüllt sind, wird die Wärme aufgenommen
und zum Warmwasserspeicher transportiert. > Abb. 24–26   ∎

■ **Tipp:** Zur Warmwasserbereitung wird im Wohnungsbau bei mitteleuropäischem Klima eine Flachkollektor-
fläche von ca. 1,2 bis 1,5 m² pro Person angenommen.
Für eine zusätzliche Heizungsunterstützung im Winter
würde man die doppelte Fläche, also 2,4 bis 3,0 m²
Fläche annehmen.

Abb. 25: Flachkollektor, aufgeständert

Abb. 26: Flachkollektor, fassadenintegriert

Abb. 27: Vakuum-Röhrenkollektor

Vakuum-Röhrenkollektoren

Die Absorberschicht befindet sich bei Vakuum-Röhrenkollektoren innerhalb von luftdichten Glasröhren, die die Effizienz steigern. > Abb. 27 Der Kollektor selbst besteht aus mehreren nebeneinanderliegenden Glasröhren, die mit einer Halterung, durch die auch die sogenannte Soleleitung

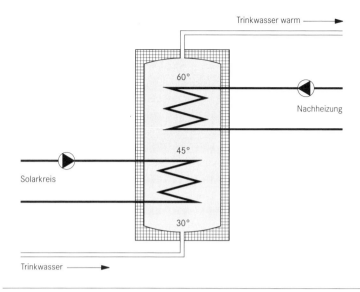

Abb. 28: Schichtenspeicher mit unterschiedlichen Temperaturzonen

mit dem Wasser-Glykol-Gemisch führt, fixiert werden. Vakuum-Röhrenkollektoren können beim Einbau einzeln gedreht werden, sodass sie auch
bei einem etwas ungünstigen Aufstellwinkel oder bei nicht ganz optima-
ler Ausrichtung gute Erträge erzielen können. Mit Hilfe von seitlich ange-
brachten metallischen Reflektorblechen besteht überdies die Möglichkeit, die Einstrahlung und damit die Wärmeausbeute weiter zu verstärken.
Bei Vakuum-Röhrenkollektoranlagen genügt wegen ihrer hohen Effizienz
eine Fläche von 0,8 bis 1,0 m^2 pro Person für die Warmwasserbereitung
im Wohnungsbau.

Solarkollektoren werden meist in südost- bis südwestorientierte Ausrichtung
schräge Dachflächen integriert bzw. auf einem Flachdach mit einer Nei-
gung zwischen 30 und 45 Grad aufgeständert, wenn sie ganzjährig Warmwasser bereitstellen sollen. Zur Heizungsunterstützung eignen sich in
mitteleuropäischen Breitengraden Winkel bis zu 60 Grad, da die winter-
liche Sonne wesentlich flacher einfällt. Zu diesem Zweck sind auch der
Einbau vor Balkonbrüstungen, an Fassaden oder ähnliche Alternativen
denkbar, insbesondere wenn es sich um Vakuum-Röhrenkollektoren handelt. Sind bautechnisch keine geeigneten Neigungswinkel möglich oder
ist die Ausrichtung der Dachfläche nicht ganz optimal, lässt sich dies not-
falls auch mit einer größeren Kollektorfläche ausgleichen.

Ist die Sonneneinstrahlung im Winter gering, können Kollektoren nur einen Teil des Warmwasserjahresbedarfs decken und benötigen eine Zusatzbeheizung. Möglich und empfehlenswert ist in diesem Fall eine Kombination von Warmwasserbereitung und Heizungsunterstützung, bei der ein Warmwasserspeicher, der als sogenannter Schichtenspeicher mit unterschiedlichen Temperaturzonen ausgebildet wird, auch als Wärmequelle für die Heizung genutzt wird. > Abb. 28

In einem Schichtenspeicher befindet sich die wärmste Zone oben, die Mischzone in der Mitte und die kühlste Zone im unteren Bereich, wo auch die Einspeisung des kalten Trinkwassers erfolgt. Weil dort höhere Temperaturen herrschen, wird der Vorlauf für den Heizkreislauf dem oberen Teil des Schichtenspeichers entnommen. Bei zu wenig Sonneneinstrahlung heizt ein separater Wärmeerzeuger über einen Wärmetauscher die Wassertemperatur nach. Auf diese Weise können ca. 25 % des Heizenergiebedarfs mit regenerativer Energie gedeckt werden. Solaranlagen zur Heizungsunterstützung eignen sich am besten für eine Kombination mit Fußboden- oder Wandheizungen, da hierfür geringere Vorlauftemperaturen benötigt werden als für Heizkörper.

SANITÄRRÄUME

Warmwasser wird je nach gewähltem System erzeugt und parallel zum Kaltwasser im Leitungsnetz verteilt, um an den unterschiedlichen Entnahmestellen in Küchen, Sanitär- und anderen Wasserbedarfsräumen bereitzustehen. Sanitärräume dienen im Wesentlichen der Körperpflege und Hygiene. Sie zählen gebäudetechnisch zu den Räumen mit erhöhtem Installationsaufwand für die Kalt- und Warmwasserversorgung sowie für die dazugehörige Abwasserentsorgung. Sie werden auch Nassräume genannt. Um das Verlegen von Leitungen zu reduzieren und um den Installationsaufwand gering zu halten, sollten diese Räume im Grundriss nach Möglichkeit so zusammengelegt werden, dass nur wenige Installationsschächte notwendig und kurze Ver- und Entsorgungsleitungen möglich sind. Die konzentrierte Bündelung von Leitungen vereinfacht nicht nur deren Unterbringung, sondern verbessert auch den Schallschutz gegenüber Nachbarräumen.

○ **Hinweis:** Zusätzliche Informationen zum Thema Beheizung von Gebäuden sind in *Basics Raumkonditionierung* von Oliver Klein und Jörg Schlenger, erschienen im Birkhäuser Verlag, Basel 2008, im Kapitel „Temperierungssysteme" zu finden.

Geräusche in Nassräumen können entweder durch WC-Spüleinrichtungen, Fließgeräusche in Abwasserleitungen, durch Armaturen bei der
Wasserentnahme oder durch Körperschallanregung, die auf die umge-
benden Wände und Decken übertragen wird, entstehen. Um eine stö-
rende Schallübertragung zu vermeiden, sollten schutzbedürftige Aufent-
halts- oder Schlafräume nicht an Bäder und WC-Räume angrenzen.
Installationswände, die sich z. B. direkt neben Schlafräumen befinden,
sind schalltechnisch nicht so isolierbar, dass keine Geräuschbelästigun-
gen entstehen können. Nassräume unmittelbar neben Wohnungstrenn-
wänden sind nur zu empfehlen, wenn auch in der Nachbarwohnung eine
Küche, ein Bad oder ein schalltechnisch unempfindlicher Raum angrenzt,
es sei denn, es existiert eine Trennfuge zwischen beiden Gebäuden.

Wandschlitze erweisen sich ebenfalls als schalltechnisch ungünstig.
Werden die in ihnen untergebrachten Rohrleitungen mit Dämmstoff um-
hüllt, verringern sich die Geräusche zwar, der Wandschlitz muss jedoch
dementsprechend tiefer ausgebildet sein, sodass diese Maßnahme meist
statische Probleme mit sich bringt.

Badewannen und auf dem Boden stehende WC-Becken sind mit
elastischem Trennmaterial körperschallgedämmt aufzulagern oder auf
schwimmenden Estrich zu stellen, damit die entstehenden Geräusche
nicht über den Boden in den Nachbarraum geleitet werden können. Auch
wandhängende Sanitärgegenstände wie WC-Becken, Waschtische oder
Ablagen sollten mit Schallschutz-Befestigungshülsen oder Kunststoff-
profilen körperschallgedämmt an Wänden mit möglichst hohem Flächengewicht oder an Vorwandinstallationen befestigt werden.

Armaturen in Bädern werden in zwei schalltechnische Gruppen ein-
geteilt: Geräuscharme Armaturen zählen zur Armaturengruppe I, Armaturen mit einem höheren Schallpegel gehören zur Armaturengruppe II.
Aus Schallschutzgründen sind Armaturen der Gruppe I vorzuziehen, auch
wenn sie unter Umständen höhere Kosten verursachen.

Die Planung von Nassräumen ist grundsätzlich eine diffizile Entwurfsaufgabe für Architekten, da es nicht allein um die Gestaltung und den
Schallschutz, sondern auch um die Integration von zahlreichen Leitungen geht. Sie macht präzise Überlegungen notwendig, denn eine schlecht
durchdachte Anordnung von Sanitärgegenständen und die daraus fol-
gende schwierige Leitungsführung ziehen oftmals Probleme technischer,
funktionaler und wirtschaftlicher Art nach sich.

Anordnung der Installationen

Bei der Planung von Nassräumen muss berücksichtigt werden, wie
weit entfernt die Sanitärgegenstände von den Trinkwassersteigleitungen
und von der Abwasserfallleitung liegen und wie eine direkte und unkom-
plizierte Verbindung dorthin geschaffen werden kann. Während Trinkwasserleitungen nur einen geringen Querschnitt aufweisen und recht
problemlos auch im Fußbodenaufbau verlegt werden können, sind Ab-

Abb. 29: Unterkonstruktion einer beidseitig nutzbaren
Vorwandinstallation

wasserleitungen wegen des erforderlichen Gefälles von 2 % innerhalb von
Gebäuden und ihres relativ großen Durchmessers wesentlich schwieri-
ger einzugliedern. Je nach Art des Sanitärgegenstands beginnen Abwasserleitungen oftmals in geringer Höhe oberhalb des Fußbodens,
sodass nur ein geringer Abstand zur Fallleitung einen problemlosen
Anschluss erlaubt.

Frei im Raum liegende Trink- und Abwasserleitungen erzeugen einen
hohen Schallpegel. Vorwandinstallationen in verschiedenen Konstruk-
tionsarten oder durch die Geschosse hindurchführende Schächte verkleiden hingegen die Leitungen, erhöhen damit den Schallschutz und
ersetzen aufwendig herzustellende Wandschlitze.

Vorwand-
installationen
Anstatt Sanitärobjekte an einer massiven Wand zu befestigen und
die Zwischenräume der Leitungsführung konventionell auszumauern, werden aus Gründen der Tragfähigkeit der Wand sowie des Schallschutzes
meist Vorwandinstallationswände verwendet. Sie bestehen aus einem
Metalltraggerüst sowie einem Befestigungssystem für die Sanitärgegenstände, das in den Zwischenräumen mit Dämmung versehen und anschließend mit Gipskartonplatten verkleidet wird. > Abb. 29 In der Regel
sind Vorwandinstallationswände zwischen 1,00 m und 1,50 m hoch und
etwa 20 bis 25 cm vor der eigentlichen Wand befestigt, je nach Durchmesser der hinter ihnen liegenden Leitungen. Sie verdecken daher nur
Leitungen, die im jeweiligen Geschoss verbleiben und nicht in weitere
Geschosse geführt werden müssen, es sei denn, sie sind mit einem Installationsschacht direkt verbunden. Die obere horizontale Fläche der
Vorwand kann im Bad als Ablage genutzt werden.

Eine andere Variante der Vorwandinstallationen stellen Montage-
blöcke als Installationsbausteine dar. Es handelt sich dabei um vorge-
fertigte, kompakte Elemente aus Polyesterschaumbeton, die alle Ver-
und Entsorgungsanschlüsse, Einbauspülkästen sowie alle Befestigungen

für die anzuschließenden Sanitärgegenstände bereits enthalten. Sie sind etwa 15 cm tief und werden entweder körperschallgedämmt an der Wand befestigt oder stehen auf Stützen auf der Rohdecke. Die Zwischenräume müssen nach der Montage ausgemauert oder mit Mörtel ausgefüllt werden.

Sanitärausstattung

Die Größe und Ausstattung von Sanitärräumen ist in erster Linie von der Anzahl der jeweiligen Bewohner und ihren speziellen Ansprüchen abhängig. Die Raummaße eines Bades wiederum ergeben sich meist aus den zu installierenden Sanitärgegenständen und den erforderlichen Abständen zwischen ihnen. > Abb. 30

In Wohnungen mit mehr als zwei Personen sollte an eine Trennung von Bad und WC gedacht werden, um die alltägliche Nutzung dieser Räume zu erleichtern. Für eine Familie mit mehr als zwei Kindern wäre sowohl ein separates WC als auch eine weitere Duschmöglichkeit neben dem eigentlichen Bad empfehlenswert. Bei allen Überlegungen zur Größe und Anordnung von Sanitärräumen sollte jedoch bedacht werden, dass Nassräume generell nah beieinander liegen, damit Leitungen gebündelt werden können und keine weiten Leitungswege für den Wassertransport anfallen.

Sanitärgegenstände benötigen einen Mindestabstand von 25 cm voneinander, damit ihre Benutzung nicht beeinträchtigt ist, oder sie werden in unterschiedlichen Höhen angebracht. Waschtische beispielsweise dürfen aus diesem Grund mit einer seitlichen Kante an die wesentlich tiefer liegende Badewanne heranreichen. Vor den einzelnen Sanitärelementen ist ebenfalls eine Fläche freizuhalten, um genügend Bewegungsfreiheit zu gewährleisten. > Abb. 31

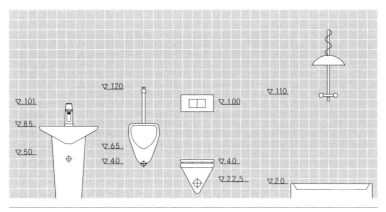

Abb. 30: Typische Höhenanordnung der Installationen

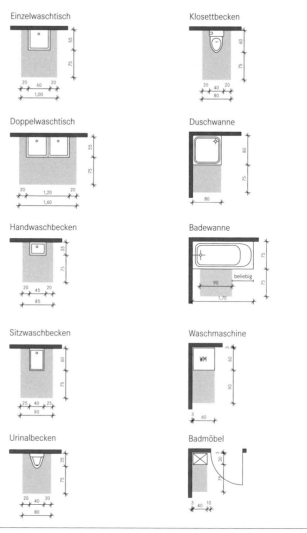

Abb. 31: Mindestgrößen von Bewegungsflächen vor Sanitärgegenständen

Waschtische Handwaschbecken und sogenannte Waschtische werden nach ihrer Größe unterschieden. Während kleinere <u>Handwaschbecken</u> in WC-Räumen vorzufinden sind und nur dem Händewaschen dienen, weisen <u>Waschtische</u> größere Abmessungen auf. Sie sollen gewährleisten, dass Arme bis mindestens zum Ellenbogen in das Becken getaucht werden können. Meist bestehen sie aus Sanitärporzellan oder Acryl, in Einzelfällen auch

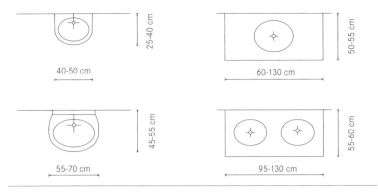

Abb. 32: Typische Waschbeckenformen

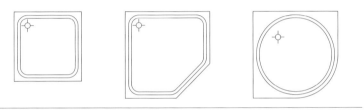

Abb. 33: Typische Duschwannenformen

aus emailliertem Stahl oder Edelstahl. Ihre Oberkante liegt in der Regel zwischen 85 und 90 cm über dem Fußboden. Doppelwaschtische sind etwas platzsparender als zwei Einzelwaschtische; sie müssen jedoch eine Mindestbreite von 120 cm aufweisen, wenn eine gleichzeitige Benutzung durch zwei Personen ungehindert möglich sein soll. > Abb. 32

Die Eckventile der Warm- und Kaltwasserleitungen werden unterhalb des Waschtisches montiert und ermöglichen auf diese Weise im Reparaturfall die Absperrung der Trinkwasserzufuhr. Es besteht die Möglichkeit, Abwasser- und Trinkwasserleitungen sowie Geruchsverschlüsse > Kap. Abwasser, Leitungsnetz Abwasser im Gebäude unterhalb des Waschtisches mit Hilfe von Unterschränken oder Verblendungen zu verdecken. Oft werden Waschtische auch gleich in passende Badmöbel eingebaut. Auf diese Weise kann der Platz im Bad besser ausgenutzt und das Verkleiden der Leitungen optimiert werden.

Duschwannen bestehen in der Regel aus emailliertem Gusseisen, Duscheinrichtungen emailliertem Stahlblech oder Acryl. Die Formen der Duschbecken sind variabel und reichen von rechteckig und quadratisch bis rund oder halbrund. > Abb. 33 Die übliche quadratische Standard-Duschwanne hat

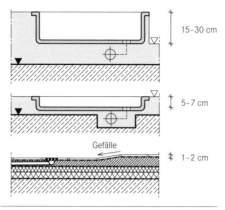

**Abb. 34: Höhenunterschiede beim Einbau von Dusch-
wannen**

Abmessungen von etwa 80 × 80 cm mit einer Höhe von etwa 15 bis 30 cm; größere Abmessungen und flachere Einstiegshöhen verbessern den Platzkomfort und vereinfachen die Benutzung. Je flacher jedoch die Duschwanne ist, desto tiefer muss auch die Aussparung im Fußbodenaufbau für die Verlegung des Abwasseranschlusses sein, der normalerweise unterhalb der Duschwanne bequem unterzubringen ist. > Abb. 34 oben und Mitte

Bei der Gestaltung von Bädern wird teilweise ganz auf eine Duschwanne verzichtet, um eine sogenannte bodengleiche Dusche einzubauen. > Abb. 34 unten Dies hat nicht nur gestalterische und reinigungstechnische Vorzüge, sondern dient auch der Barrierefreiheit im Bad. Bei bodengleichen Duschen liegt der Wasserablauf bodenbündig. Aus diesem Grund erfordern sie besondere Abdichtungen sowie einen höheren Fußbodenaufbau, um die Abwasserleitung mit dem notwendigen Gefälle unterzubringen.

○ **Hinweis:** Abdichtungen bestehen je nach Beanspruchung aus Dichtungsbahnen, Dichtklebern oder anderen Abdichtungsmaterialien, die im Dünnbettverfahren auf den Untergrund gespachtelt werden. Sie sind mindestens 15 cm über der Oberkante des Fußbodenbelags und im unmittelbaren Spritzbereich einer Dusche hochzuziehen – auch wenn sich die Dusche im Bereich der Badewanne befindet.
Sie müssen bis mindestens 20 cm oberhalb des Duschkopfes an den Wänden reichen.

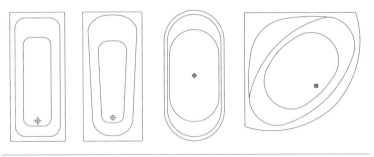

Abb. 35: Typische Badewannenformen

Badewannen können entweder frei stehend im Raum oder entlang Badewannen
der Wände in eine gemauerte und anschließend geflieste Verkleidung eingebaut oder in Formteile aus aufgeschäumten Kunststoffen eingesetzt
werden. > Abb. 35 Sie bestehen aus emailliertem Gusseisen, Stahlblech
oder aus Acryl und sind im Normalfall zwischen 170 und 200 cm lang,
zwischen 75 und 80 cm breit und zwischen 50 und 65 cm hoch. Soll die
Einstiegshöhe niedriger sein, muss eine Aussparung in der Rohdecke
vorgenommen werden, um den Abwasseranschluss zu ermöglichen. Ein
bodenbündiger Einbau kann erfolgen, wenn die Badewanne z. B. in ein
Podest integriert wird. Andernfalls müsste die Rohdecke an dieser Stelle
stark abgesenkt werden.

Die Hohlräume zwischen Badewanne und Verkleidung werden mit
Dämmstoff ausgefüllt. Die Zwischenräume zwischen Wand und Bade-
wannenrand sind dauerelastisch zu verfugen. Vor der Längsseite der
Badewanne sollte eine freie Fläche von 90 × 75 cm vorhanden sein, um
den Einstieg nicht zu behindern.

WC-Becken können wandhängend oder auf dem Boden stehend aus- WC-Becken
gebildet sein. > Abb. 36 Die wandhängende Variante wird meist an Montage-
elementen der Vorwandinstallation befestigt. Sie kann in der Höhe ver-
stellt werden und vereinfacht die Reinigung des Fußbodens. Die Form
von WCs beruht auf dem Spülmechanismus innerhalb des Beckens. Während in älteren Gebäuden meist Flachspülbecken eingebaut wurden, wird
diese Form zugunsten einer geringeren Geruchsbelästigung zunehmend
durch Tiefspülbecken abgelöst. > Abb. 37

Spüleinrichtungen reichen von in der Vorwandinstallation eingebau- WC-Spüleinrichtungen
ten oder sichtbaren Druckspülern bis zu wandhängenden, wandein-
gebauten oder auf das WC aufgesetzten Spülkästen. > Abb. 38 Sie können
in unterschiedlichen Höhen oberhalb von Toiletten montiert werden. Während in Altbauten hoch hängende Spülkästen mit einer beim Spülvorgang
erheblichen Geräuschentwicklung vorzufinden sind, werden in Neubauten

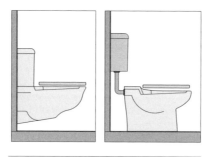

Abb. 36: Wandhängendes WC und auf dem Boden stehendes WC

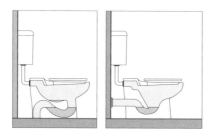

Abb. 37: WC mit Flach- und Tiefspülbecken

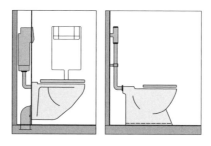

Abb. 38: Wandhängendes WC mit wandeingebautem Spülkasten und Stand-WC mit Druckspüler

tief hängende oder wandeingebaute Spülkästen eingesetzt, die wesentlich leiser arbeiten. Druckspüler nutzen den Druck in der Trinkwasserleitung und benötigen aus diesem Grund keinen Spülkasten. Durch die selbst schließenden Armaturen wird nur so lange Spülwasser verbraucht,

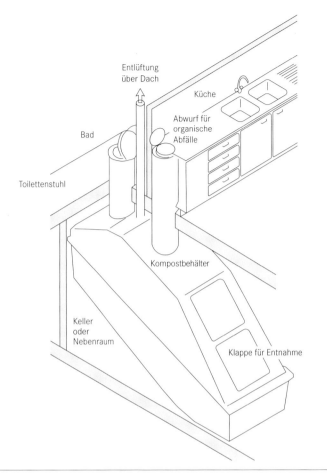

Entlüftung
über Dach

Küche

Abwurf für
organische
Abfälle

Bad

Toilettenstuhl

Kompostbehälter

Keller
oder
Nebenraum

Klappe für Entnahme

Abb. 39: Schema einer Komposttoilette

wie der Druckspüler betätigt wird. Spülkästen wiederum werden automatisch nach jedem Spülvorgang wieder aufgefüllt.

Mehr als ein Drittel des täglichen Trinkwasserbedarfs pro Person, etwa 35 bis 45 l, werden für die Toilettenspülung benötigt. Die Reduktion dieses Verbrauchs eröffnet ein großes Einsparpotenzial bei der Trinkwasserversorgung. Ältere Spülkästen verbrauchen pro Spülgang zwischen 9 und 14 l Wasser, moderne Toilettensysteme benötigen etwa 6 l. Die Menge des Spülwassers kann über die Füllhöhe des Spülkastens eingestellt werden. Darüber hinaus sollte es möglich sein, den Spülvorgang mit Hilfe eines zweiten Tastendrucks unterbrechen zu können (Spartaste). Um die benötigte Wassermenge auf bis zu 3 l pro Spülgang zu reduzieren, müssen

Wassersparende
Toilettensysteme

geeignete WC-Becken angeschlossen werden, andernfalls kann es zu Geruchsbelästigungen kommen.

Vakuumtoiletten

Vakuumtoiletten benötigen nur 1,2 l Wasser pro Spülgang. Sie werden schon seit längerer Zeit in moderneren Hochgeschwindigkeitszügen oder Schiffen eingesetzt. Im Wohnungsbau saugt eine Pumpe den Toiletteninhalt ab und befördert ihn in einen belüfteten Abwassertank. Von dort aus transportiert ihn eine weitere Pumpe zur öffentlichen Kanalisation. Durch den geringeren Trinkwasserverbrauch können mit Hilfe der Vakuumtechnik bei der Abwassergebühr hohe Einsparungen erzielt werden. Die kleineren Rohrquerschnitte sorgen darüber hinaus für einen problemlosen Einbau der Vakuumtoilette. Der Spülvorgang selbst ist jedoch wesentlich geräuschvoller als bei anderen WC-Anlagen.

Komposttoiletten

Komposttoiletten kommen gänzlich ohne Spülwasser aus und produzieren demzufolge auch kein Abwasser. Sie werden entweder aus ökologischen Gründen oder bei nicht vorhandener Kanalisation eingesetzt. Diese Toiletten bestehen aus einem Tank, an den sowohl Abwurfschächte für organische Küchenabfälle als auch Toilettenstühle angeschlossen werden. > Abb. 39 Durch ständige Unterdrucklüftung im Komposttank können keine Gerüche in die Räume gelangen. Die in dem Tank befindliche Masse beginnt durch die Luftzufuhr nach einem Zeitraum von mehreren Monaten zu kompostieren. Auf diese Weise werden Nährstoffe produziert, die nach dem Kompostierungsprozess als Bodenverbesserung und Pflanzennahrung im Garten aufgebracht werden können.

Armaturen

Mit dem Begriff Armaturen werden alle Absperreinrichtungen des Trinkwasserversorgungsnetzes wie Absperrhähne, Absperrschieber oder Absperrventile, aber auch Sanitärarmaturen, z. B. an Waschtischen oder Duschen, bezeichnet. Absperrarmaturen dienen dazu, Leitungszugänge zu öffnen oder zu sichern; sie unterscheiden sich in der Art der Verschließbarkeit. Eine Trinkwasseranlage wird durch Absperrarmaturen in sinnvolle Abschnitte unterteilt, die es ermöglichen sollen, bei Bedarf einen Leitungsteil abzusperren und einzelne Anlagenteile auszutauschen. Absperrventile befinden sich deswegen vor und nach dem Wasserzähler sowie nach Filter und Druckminderer > Abb. 40 oder am untersten Punkt jeder Steig- und jeder Stockwerksleitung. Auf diese Weise kann ein Leitungsteil erneuert werden, ohne dass das komplette Leitungsnetz stillgelegt werden muss. Weitere Absperrventile sind an WC-Spüleinrichtungen sowie unterhalb von Waschtischen zu finden.

Wand- und Standbatterien

Wasserentnahmearmaturen in Sanitärräumen lassen sich in Wand- oder Standmodelle unterteilen. > Abb. 41 Bei Wandbatterien, die meist an Badewannen oder Duschen installiert werden, erfolgt die Montage unmittelbar an der Installationswand, um von dort aus eine kurze Verbindung zur Trinkwasserzuleitung herstellen zu können. Der Einbau von Standmodellen wird direkt auf der Fläche des Waschtisches oder des

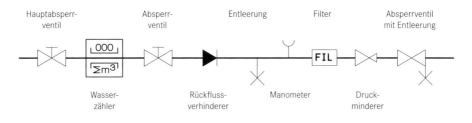

Abb. 40: Absperrarmaturen unmittelbar nach der Hauseinführung

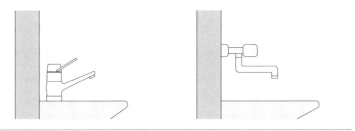

Abb. 41: Stand- und Wandbatterie an einem Waschtisch im Bad

Spülbeckens vorgenommen und über Eckabsperrventile mit der Trinkwasserzufuhr verbunden. Die Art der Armatur richtet sich nach der jeweiligen Nutzung, so unterscheiden sich Armaturen für Küchenspülen von Waschtischarmaturen durch einen langen Auslauf.

Konventionelle Mischbatterien bestehen aus zwei nebeneinanderliegenden Drehgriffen, wobei meistens rechts die Kalt- und links die Warmwasserzufuhr geregelt wird. Die Wassertemperatur kann nur manuell durch Bedienung beider Wasserhähne eingestellt werden. Praktischer sind sogenannte Einhebelmischer, die durch eine Drehbewegung des Hebels die Wassertemperatur und durch eine Auf- und Abwärtsbewegung die Wassermenge regulieren. *Mischbatterien*

In öffentlichen Toilettenanlagen werden aus hygienischen Gründen an Waschtischen oft berührungslose Armaturen eingebaut. Durch die Bewegung der Hände vor einem Infrarotsender wird das Ventil geöffnet. Bei elektronisch gesteuerter Entnahme genügt sogar ein Annähern der Hände, um den Wasserfluss zu aktivieren. Durch einen Wassermengenregler bleibt die Menge des ausfließenden Wassers immer gleich. Berührungslose Waschtischarmaturen werden entweder mit Hilfe von Batterien betrieben oder müssen an eine externe Stromversorgung angeschlossen werden. *Berührungslose Waschtischarmaturen*

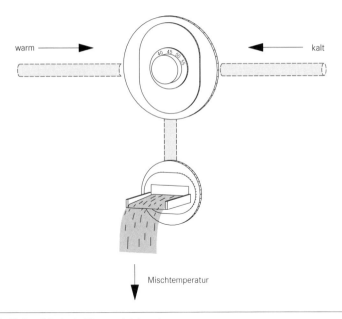

warm ⟶   kalt

Mischtemperatur

Abb. 42: Das Prinzip der Thermostat-Armatur

Thermostat-Armaturen

Mit Hilfe von Thermostatbatterien kann eine gewünschte Wasser-temperatur an einem Drehgriff voreingestellt werden, sodass die Temperatur des Wassers konstant bleibt, auch wenn die Durchflussmenge verändert wird. Dabei werden Warm- und Kaltwasser so miteinander vermischt, dass die eingestellte Temperatur durch das Mischungsverhältnis erreicht wird. > Abb. 42

○ **Hinweis:** Alle Armaturen und alle Sanitärgegenstände sollten auf das Fliesenraster innerhalb der Nassräume abgestimmt sein, damit ein gestalterisch ausgewogenes Bild entsteht. Armaturen werden entweder auf Fliesenfugen, auf Fliesenkreuzen oder auf der Fliesenmitte befestigt.

Barrierefreie Sanitärräume

Barrierefreie Sanitärräume müssen besonderen Bedingungen genügen. Sie sollten so ausgestattet sein, dass sie es dem Nutzer ermöglichen, die Räumlichkeiten unabhängig von fremder Hilfe nutzen zu können. Hierzu gehört eine ausreichende und barrierefreie Bewegungsfläche, die bei Rollstuhlfahrern mindestens 150 × 150 cm vor Waschtisch, WC, Dusche und Badewanne betragen sollte, andernfalls ist 120 × 120 cm ausreichend. Bodengleiche Duschen, unterfahrbare Waschbecken oder Haltegriffe neben allen Sanitärgegenständen erleichtern die Benutzung der Einrichtungen. Die Tür sollte eine lichte Breite von 80 bis 90 cm nicht unterschreiten und nach außen aufschlagen, damit sie im Raum nicht den Zugang zur Sanitärausstattung erschwert. > Abb. 43

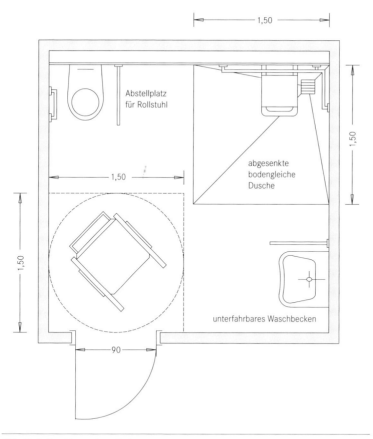

Abstellplatz
für Rollstuhl

1,50

abgesenkte
bodengleiche
Dusche

1,50

unterfahrbares Waschbecken

90

Abb. 43: Rollstuhlgerechtes Bad

Abwasser

Trinkwasser wird durch die Verteilung im Leitungsnetz und den täglichen Gebrauch über die Entnahmestellen in Waschbecken, Duschen oder Badewannen automatisch zu Abwasser, selbst wenn es gar nicht benutzt wird und sauber aus dem Wasserhahn in den Abfluss fließt. Die Bezeichnung „Trinkwasser" endet in dem Moment, in dem das Wasser den Kreislauf des Abwasserleitungsnetzes erreicht.

Generell wird unter dem Begriff „Abwasser" Wasser verstanden, das durch den häuslichen oder gewerblich-industriellen Gebrauch verschmutzt wurde, aber auch das relativ saubere Niederschlagswasser (Regen). Abwässer sind meist mit Grobstoffen, Bakterien oder Chemikalien verunreinigt, sodass eine umfassende Behandlung erforderlich ist, bevor sie wieder in natürliche Gewässer zurückgeführt werden dürfen. Für die Reinigung sind in der Regel die öffentlichen Kläranlagen zuständig.

Stark verschmutztes Haushaltsabwasser aus Toiletten und Geschirrspülern, welches Fäkalien und fäulnisfähige Stoffe enthält, wird als Schwarzwasser bezeichnet. Eher schwach verschmutztes Abwasser aus Waschbecken, Duschen und Badewannen gilt als Grauwasser und enthält lediglich etwa ein Drittel der Schmutzmengen des Schwarzwassers. Für die herkömmliche Art der Abwasserentsorgung in das öffentliche Leitungsnetz ist diese Unterscheidung bedeutungslos, da sie generell auf das Klären von Schwarzwasser ausgelegt ist. Für naturnahe Klärverfahren ist sie von größerer Wichtigkeit, da einige Systeme nur Grauwasser reinigen können.

Das wachsende Umweltbewusstsein lenkt den Blick bereits seit vielen Jahren auf die Reinhaltung des Grundwassers, der Flüsse und der Seen. Der biologische Selbstreinigungsprozess funktioniert ab einem gewissen Grad der Verschmutzung nicht mehr, sodass der Abwasserreinigungstechnik bei der starken industriellen und auch häuslichen Verunreinigung des Wassers eine große Bedeutung zukommt, um ökologi-
● schen Schäden entgegenzuwirken. > Kap. Abwasser, Arten der Abwasserbeseitigung

● **Beispiel:** Ein vierköpfiger Haushalt in Deutschland belastet das Abwassersystem jährlich mit etwa 100 kg Reinigungsmittel. Durch die Entwicklung umweltfreundlicher Waschmittel ist der Schadstoffeintrag insgesamt zwar zurückgegangen, jedoch hat sich das Problem nur geringfügig verringert.

Doch zunächst muss das benutzte Kalt- und Warmwasser als Abwasser aus den Sanitärräumen der Gebäude abtransportiert und der öffentlichen Kanalisation zugeführt werden. Dies geschieht über das im Folgenden beschriebene Leitungsnetz.

LEITUNGSNETZ ABWASSER IM GEBÄUDE

Abwasserleitungen sind wesentlich größer dimensioniert als Trinkwasserleitungen und haben die Aufgabe, das anfallende Schmutz- und Regenwasser aus Gebäuden abzuführen und der öffentlichen Kanalisation zuzuleiten. Zu diesem Zweck ist ein verzweigtes, in Teilstücken unterschiedlich dimensioniertes Rohrleitungsnetz notwendig, welches einen störungsfreien Betrieb der Sanitärgegenstände gewährleisten muss. Gebäude werden in der Regel nach dem Schwerkraftprinzip entwässert, also verlaufen alle Leitungen entweder senkrecht oder werden, wenn sie horizontal verlaufen, innerhalb des Gebäudes mit mindestens 2 % Gefälle verlegt, damit das zu transportierende Abwasser problemlos nach unten abfließen kann. Dabei ist darauf zu achten, dass kein Rückstau im Rohrleitungsnetz entstehen kann.

Die Rückstauebene ist die maximal mögliche Ebene, bis zu der Abwasser an einer bestimmten Stelle des Kanalsystems ansteigen kann. > Abb. 44 In der Regel gilt die Straßenoberkante oder die Oberkante des Bordsteins an der jeweiligen Anschlussstelle als Rückstauebene, sofern dies nicht von der örtlich zuständigen Behörde anders festgelegt wurde. Dort tritt im Falle eines Rückstaus Wasser großflächig aus, sodass es sich auch innerhalb der Gebäude nicht höher rückstauen kann. Ein Rückstau tritt insbesondere während starker Regenfälle auf. Mischkanäle sind dabei besonders gefährdet, da sie Abwasser und Regenwasser zusammen aufnehmen. > Kap. Abwasser, Arten der Abwasserbeseitigung Rückstau kann allerdings auch in Trennkanälen auftreten, wenn z. B. Leitungen verstopft sind.

Bei angeschlossenen Sanitärgegenständen, die unterhalb der festgelegten Rückstauebene in Kellerräumen liegen, besteht generell die Gefahr, dass Abwasser vom Kanal in das Gebäude eindringt und hier große Schäden verursacht. Aus diesem Grund müssen die jeweiligen Anschlussstellen durch einen Rückstauverschluss oder eine Hebeanlage geschützt werden. > Kap. Leitungsnetz Abwasser im Gebäude, Schutzmaßnahmen, Seite 59

○ Rückstauebene

○

○

○ **Hinweis:** Unter einem Rückstau wird das Zurückdringen von Abwasser aus dem öffentlichen Kanal in die daran angeschlossenen Rohrleitungssysteme von Gebäuden verstanden, das nach dem Prinzip der „kommunizierenden Röhren" erfolgt. Bei „kommunizierenden Röhren" handelt es sich um mit Flüssigkeit gefüllte, nach oben offene Rohre oder Gefäße, in denen der Pegel der Flüssigkeit überall gleich hoch steht – und zwar unabhängig von deren Form.

○ **Hinweis:** Die europäische Norm DIN EN 12056 gilt für Schwerkraftentwässerungsanlagen innerhalb von Gebäuden. Für den Bereich außerhalb von Gebäuden wird DIN EN 752 zu Grunde gelegt. Beide Normen legen einen allgemeinen Rahmen fest, der nationale Ergänzungen erforderlich macht und regionale Abweichungen ermöglicht.

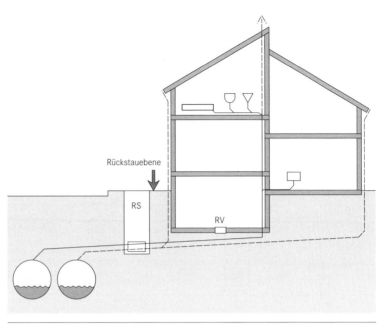

Abb. 44: Lage der Rückstauebene

Anlagenkomponenten und Leitungsführung

Einzel- und Sammel-
anschlussleitung   Zum Rohrleitungsnetz gehören unterschiedlich bezeichnete Teilstü-
cke, die zusammengeschlossen werden, um das Abwasser in die öffentliche Kanalisation zu transportieren. > Abb. 45 Vom Sanitärgegenstand führt
jeweils eine <u>Einzelanschlussleitung</u> zur sogenannten <u>Sammelanschluss-
leitung</u>, an der alle Anschlüsse eines Nassraumes zusammengeführt
werden. > Abb. 46 Die Sammelanschlussleitung wird mit 2 % Gefälle auf
möglichst kurzem Weg mit der senkrechten <u>Fallleitung</u> verbunden, die
das Abwasser nach unten führt und ohne Nennweitenänderung möglichst
geradlinig zu verlegen ist. Das Gefälle von horizontalen Abwasserleitungen ist notwendig, damit durch die entstehende Fließbewegung keine
Rückstände in der Leitung zurückbleiben. Alle Rohre werden üblicherweise mit 45-Grad-Bögen in Fließrichtung an weiterführende Leitungsteile angeschlossen, um an den Anschlusspunkten einen Stau des
Abwassers in der Leitung zu vermeiden. Benachbarte Sammelanschluss-
leitungen sind versetzt an die senkrechte Fallleitung anzuschließen, damit es nicht zu Fremdeinspülungen kommt. Die einzelnen Leitungsteile
werden miteinander verschraubt, verschweißt oder mit einer Steckmuffe
verbunden.

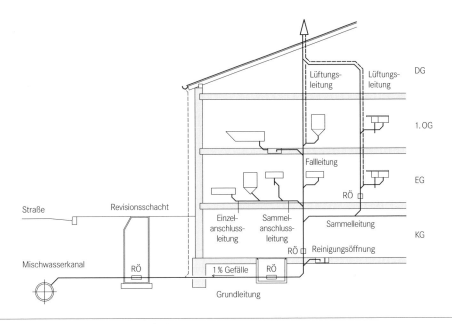

Abb. 45: Abwasserleitungsnetz im Gebäude

Die senkrechte Fallleitung mündet, in der Regel unterhalb der Boden- Fall-, Grund- und Lüftungsleitung
platte des Gebäudes, in die <u>Grundleitung</u>, die zur öffentlichen Kanalisation führt. Da es vorkommt, dass durch die plötzliche mehrfache Nutzung einer Fallleitung Druckunterschiede im Leitungssystem entstehen, muss sie entlüftet werden, um Rückflüsse in Sanitärgegenstände durch Unterdruck zu vermeiden. Ist die Fallleitung insgesamt länger als 4 m, durchläuft sie also mehr als ein Geschoss, wird sie aus diesem Grund oberhalb des im letzten Obergeschoss angeordneten Sanitärgegenstandes ohne Querschnittverengung zu einer Lüftungsleitung und über das Dach hinaus ins Freie geführt. Alternativ können spezielle Belüftungsventile für Abwasserleitungen unterhalb des Daches eingebaut werden. Wird die Lüftungsleitung durch das Dach nach außen geführt, muss sie mindestens 2 m Abstand zu einer Dachgaube oder einem Dachflächenfenster haben oder diese Bauteile mit ihrem höchsten Punkt um mindestens 1 m überragen, damit auf diesem Weg keine unangenehmen Gerüche aus der Abwasserleitung in das Gebäude gelangen können.

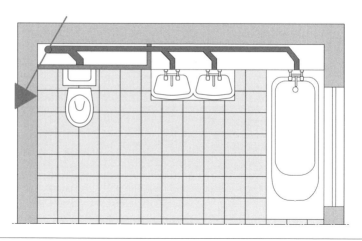

Abb. 46: Abwasserleitungen im Badgrundriss

Am untersten Ende der Fallleitung transportiert die in frostfreier Tiefe im Erdreich liegende Grundleitung das Abwasser aus dem Gebäude in den Anschlusskanal, der unmittelbar an das öffentliche Kanalnetz angeschlossen ist. Kommt eine Grundleitung nicht in Frage, weil das Gebäude unterkellert ist und der öffentliche Kanal für einen normalen Anschluss zu hoch liegt, wird eine <u>Sammelleitung</u> mit Gefälle unterhalb der Kellerdecke verlegt.

Reinigungs-
öffnungen In Grund- und Sammelleitungen dürfen nur Abzweige mit maximal 45-Grad-Winkeln eingebaut werden, damit das Abwasser sich nicht staut. Darüber hinaus müssen mindestens alle 20 m Reinigungsöffnungen vorgesehen werden, um jeden Leitungsteil bei Verstopfung mit relativ wenig Aufwand säubern zu können. In senkrechten Fallleitungen liegen die notwendigen Reinigungsöffnungen am untersten Punkt, weil sich an dieser Stelle am ehesten Verstopfungen bilden können.

Hinweisschilder Die Lage der öffentlichen Abwasserleitung unterhalb der Straße wird durch Hinweisschilder gekennzeichnet, die meist an Hauswänden oder Pfählen angebracht werden. Die aufgeführten Zahlen geben die seitlichen und rückwärtigen Abstände zum jeweiligen Anschlusskanal an.

Symbole Zur besseren Lesbarkeit der geplanten Abwasseranlage werden in Grundriss- und Schnittzeichnungen Sinnbilder und Symbole verwendet, welche Aufschluss über die Anzahl und die Anordnung der angeschlossenen Sanitärgegenstände geben. > Abb. 47 Vergleichbar mit der im Kapitel Wasserversorgung beschriebenen Darstellung, werden sie im Grundriss an ihrem wahren Standort mit dem jeweiligen Symbol gekennzeichnet und zusammen mit dem Leitungssystem dargestellt. In einem Schema-

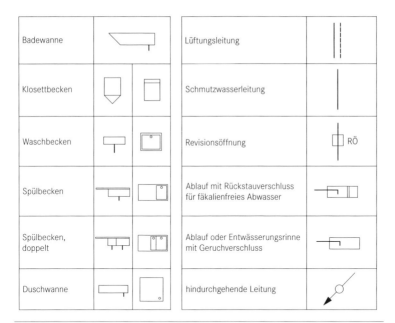

Badewanne		Lüftungsleitung	
Klosettbecken		Schmutzwasserleitung	
Waschbecken		Revisionsöffnung	RÖ
Spülbecken		Ablauf mit Rückstauverschluss für fäkalienfreies Abwasser	
Spülbecken, doppelt		Ablauf oder Entwässerungsrinne mit Geruchverschluss	
Duschwanne		hindurchgehende Leitung	

Abb. 47: Darstellung und Erläuterung üblicher Symbole

schnitt wird das Leitungssystem einschließlich der Leitungsführung und der Sanitärgegenstände so dargestellt, als würden alle an eine Sammelleitung angeschlossenen Waschbecken, Duschen, Badewannen oder WCs nebeneinander zu sehen sein. > Abb. 45 Die Leitungen sind hierbei in Fließrichtung mit dem genannten 45-Grad-Winkel darzustellen.

Bemessung der Leitungen

Der Querschnitt der Leitungsteilstrecken ist abhängig von Art und Anzahl der angeschlossenen Sanitärgegenstände und dem Wasserbedarf, der sich aus dem angestrebten Gebäudekomfort ergibt. Jedem Entwässerungsgegenstand wird generell ein Anschlusswert (DU) und ein dazugehöriger erforderlicher Mindestquerschnitt zugeordnet. > Tab. 6 Für die Berechnung der Nennweiten ist der bei dem Entwässerungsgegenstand zu erwartende Schmutzwasserabfluss (Q_{WW}) in Litern pro Sekunde (l/s) maßgebend. Die Abflusskennzahl (K) berücksichtigt die Benutzungshäufigkeit eines Entwässerungsgegenstandes. Deshalb variiert sie je nach Gebäudeart und Nutzung. Beispielsweise werden Sanitäreinrichtungen in Schulen oder öffentlichen Gebäuden von mehr Menschen häufiger benutzt als im Wohnungsbau.

Tab. 6: Typische Anschlusswerte von Sanitärgegenständen und Leitungsquerschnitte der Einzelanschlussleitung

Entwässerungsgegenstand	Anschlusswert *(DU)*	Leitungsdurchmesser
Waschbecken	0,5	DN 40
Dusche mit verschließbarem Ablauf	0,8	DN 50
Dusche ohne verschließbaren Ablauf	0,6	DN 50
Badewanne	0,8	DN 50
WC mit 6-Liter-Spülkasten	2,0	DN 100
WC mit 4–bis 5-Liter-Spülkasten	1,8	DN 80 bis DN 100

Um die Leitungsquerschnitte der Sammelanschluss-, Fall- oder Grundleitung zu dimensionieren, werden die einzelnen Anschlusswerte addiert. Bei der Bemessung der Grundleitung werden folglich die Anschlusswerte aller an ihr angeschlossenen Entwässerungsgegenstände addiert. Eine horizontale Abwasserleitung, an die z. B. ein WC anzuschließen ist, benötigt in der Regel eine Nennweite von mindestens DN 100 (Diametre Nominal); dementsprechend beträgt der Innendurchmesser der Leitung 100 mm. Auch die senkrechte Fallleitung muss demzufolge einen Durchmesser von mindestens DN 100 aufweisen. Bei Sammlung von mehreren Anschlüssen ist der gesamte Anschlusswert nach folgender Formel zu Grunde zu legen:

$$Q_{ww} = K \times \sqrt{\Sigma \, (DU)} \text{ in l/s.}$$

Q_{ww} = Quantity Waste Water (Schmutzwasserabfluss);
DU = Design Units (Anschlusswert);
K = dimensionslose Abflusskennzahl, die sich nach der Frequentierung richtet (in Wohngebäuden 0,5; in Schulen, Restaurants, Hotels 0,7; in öffentlichen Gebäuden mit häufiger Frequentierung 1,0).

Materialien

Abwasserleitungen können aus Steinzeug, Gusseisen, Stahl, Faserzement oder Kunststoff bestehen, als Fallleitung der Niederschlagsentwässerung auch aus Blech. Steinzeugrohre werden im Wesentlichen als Grundleitungen im Erdreich eingesetzt, da sie sehr widerstandsfähig sind. Gusseiserne und Rohrleitungen aus Faserzement eignen sich für alle Arten der Gebäude- und Grundstücksentwässerung. Sie sind durch

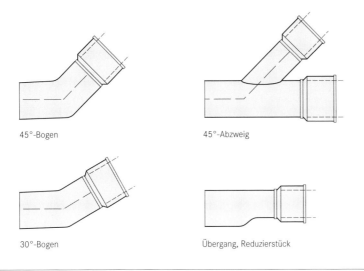

45°-Bogen

45°-Abzweig

30°-Bogen

Übergang, Reduzierstück

Abb. 48: Formstücke des Abwasserleitungsnetzes

ihr hohes Flächengewicht in der Lage, die Fließgeräusche des Abwassers einzudämmen. Stahl- oder Edelstahlrohre werden eingesetzt, wenn es sich um aggressive Abwässer handelt, wie z. B. in Laboratorien. Am preisgünstigsten sind Kunststoffrohre. Sie zeichnen sich durch ein geringes Gewicht und durch Korrosionsbeständigkeit aus und werden in erster Linie im Wohnungsbau verwendet, besonders hochwertige Produkte auch im Industrie- und Gewerbebau. In jedem Leitungsteilstück dürfen nur Kunststoffe eingesetzt werden, die auch heißwasserbeständig sind.

Alle Materialien werden in kurzen Standardlängen hergestellt und mit Steckmuffen, Schraubgewinden oder Dichtmanschetten miteinander verbunden bzw. bei Regenfallleitungen gefalzt oder gelötet. Sie sind als Bögen, Abzweige, Übergangsrohre und in anderen Formstücken erhältlich. > Abb. 48

Schutzmaßnahmen

Geruchsverschlüsse sorgen dafür, dass keine unangenehmen Gerüche aus dem Abwasserleitungsnetz in die Innenräume dringen können. Sie sind unter jeder Ablaufstelle eines Sanitärgegenstandes anzuordnen. Geruchsverschlüsse werden in unterschiedlichen Formen hergestellt, arbeiten jedoch alle nach einem ähnlichen Prinzip, etwa nach dem Rohrgeruchsverschluss, der aufgrund seiner günstigen strömungstechnischen Eigenschaften am häufigsten eingesetzt wird. Er besteht aus einem gebogenen Rohr von mindestens 30–45 mm Durchmesser, in dessen

Geruchsverschlüsse

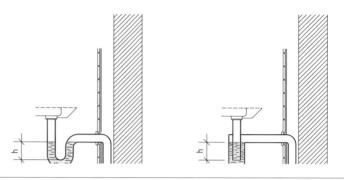

Abb. 49: Links: Rohrgeruchsverschluss, rechts: Flaschengeruchsverschluss

Biegung ständig Sperrwasser stehen bleibt. > Abb. 49, links Der Flaschen-geruchsverschluss verstopft leichter und kommt deshalb etwas seltener zum Einsatz. > Abb. 49, rechts Das stehende Wasser verhindert bei beiden Verschlüssen, dass Gerüche durch das Rohr in den Raum gelangen.

Bodenabläufe   In Bädern von Wohnungen ist es sinnvoll, Bodenabläufe einzubauen, wenn Waschmaschinen aufgestellt oder bodengleiche Duschen vorgesehen sind. Vorgeschrieben sind sie in öffentlichen Gebäuden wie Schulen oder Schwimmbädern. Sie bestehen aus Gusseisen, Edelstahl, Messing oder Kunststoff und benötigen, weil sie im Fußbodenaufbau unterge-bracht werden müssen, eine möglichst geringe Einbauhöhe. Beim Einbau von Bodenabläufen muss der Fußboden nach unten abgedichtet sein und sollte in Richtung Bodenablauf ein leichtes Gefälle von 1,5 % aufweisen. > Abb. 50 Da Bodenabläufe oftmals in der Mitte des Raumes liegen, ist es nicht ganz leicht, die daran anschließende Abwasserleitung zur nächst-liegenden Fallleitung zu führen. Meist werden zwar nur Querschnitte von DN 50 oder maximal DN 70 angeschlossen, jedoch müssen diese An-schlussleitungen wie üblich mit 2 % Gefälle verlegt werden.

Rückstau-   Wie weiter oben zum Thema Rückstauebene beschrieben, müssen
verschlüsse   alle Entwässerungsgegenstände, die unterhalb der Rückstauebene lie-gen, mit dicht schließenden Rückstauverschlüssen versehen sein, die das Zurückfließen des Schmutzwassers in das Gebäude verhindern. Insbe-sondere bei der Mischkanalisation kann es passieren, dass ein Stark-regenereignis die Aufnahmekapazität des öffentlichen Abwasserleitungs-netzes an seine Grenzen führt. Der hohe Wasserspiegel im öffentlichen Leitungsnetz kann dann bewirken, dass Abwässer aus tief liegenden Abwasseranschlüssen und Sanitärgegenständen austreten. > Abb. 51

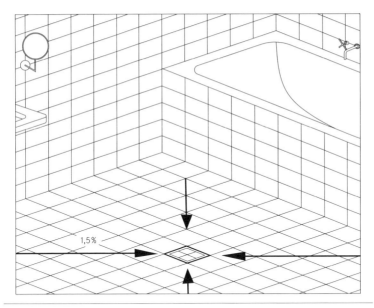

Abb. 50: Prinzip eines Bodenablaufs

Rückstauverschlüsse bestehen meist aus einer motorisch betriebenen Absperrklappe, einem pneumatischen Absperrschieber, einer selbsttätig schließenden oder einer von Hand zu betätigenden Absperrarmatur (Notverschluss). Alle in den Geschossen oberhalb der Rückstauebene liegenden Abwasserleitungen dürfen aber nicht über den Rückstauverschluss entwässern, sondern müssen hinter diesem angeschlossen werden. Andernfalls könnte das eigene Abwasser im Gebäude einen Rückstau bilden.

Unterhalb der Rückstauebene liegende Entwässerungsgegenstände, die nicht mit ausreichendem Gefälle an die Kanalisation anzuschließen sind, da sie bereits zu tief im Erdreich liegen, müssen über eine Abwasserhebeanlage entwässert werden. Die Hebeanlage sammelt das entstandene fäkalienfreie oder fäkalienhaltige Schmutzwasser in einem Behälter und befördert es von dort mit einer Pumpe über Druckleitungen durch eine Rohrschleife, deren oberster Punkt oberhalb der Rückstauebene liegen muss. > Abb. 52 Die Höhe der Rohrschleife – auch Rückstauschleife genannt – sorgt dafür, dass Abwasser keinesfalls in das Gebäude zurückfließen kann. Das Abwasser sollte im Anschluss an die Hebeanlage mit normalem Gefälle an die öffentliche Kanalisation angeschlossen werden können.

Abwasserhebeanlagen

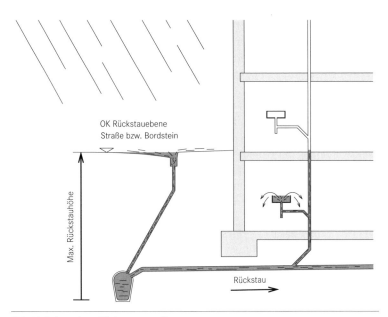

Abb. 51: Folgen eines Rückstaus von Abwasser

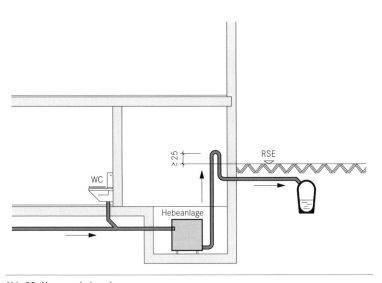

Abb. 52: Abwasserhebeanlage

ARTEN DER ABWASSERBESEITIGUNG
Trenn- und Mischkanalisation

Abwasser wird entweder durch ein Misch- oder durch ein Trenn-system entsorgt. Beim <u>Mischsystem</u> werden häusliche und gewerbliche Abwässer zusammen mit dem Regenwasser in die Kanalisation geführt, beim <u>Trennsystem</u> wird das Regenwasser direkt in Gewässer oder Flüsse, sogenannte Vorfluter, geleitet, und nur das verschmutzte Abwasser ge-langt in die Kanalisation. > Abb. 53 Innerhalb des Gebäudebereiches und bei der Planung der Grundleitungen ist in jedem Fall von einer Trennung von Regen- und Schmutzwasser auszugehen, auch wenn es sich bei der öffentlichen Kanalisation unterhalb der Straße um ein Mischsystem han-delt, da langfristig in vielen Ländern die komplette Umstellung auf ein Trennsystem geplant ist.

Der Grund dafür ist, dass Niederschlagswasser genau genommen erst dann zu verunreinigtem Wasser wird, wenn es mit dem übrigen Schmutzwasser in der Mischkanalisation zusammengeführt wird. Auf diese Weise steigt jedoch die Schmutzwassermenge aufgrund der Ver-dünnung stark an, sodass langfristig die Umstellung auf ein Trennsystem sinnvoll ist, um den Schmutzwasseranfall in der Kanalisation zu reduzie-ren und den Aufwand für die Reinigungsleistung zu verringern. Aus Grün-den der Schmutzwasserreduktion und der Sicherung des natürlichen Grundwasserspiegels sollte Regenwasser darüber hinaus möglichst auf dem Grundstück oder ortsnah versickern können.

Die öffentlichen Kläranlagen entlasten Abwässer zunächst von gro-ben Stoffen, durch biologische Reinigung werden sie anschließend von

Reinigung von Abwässern

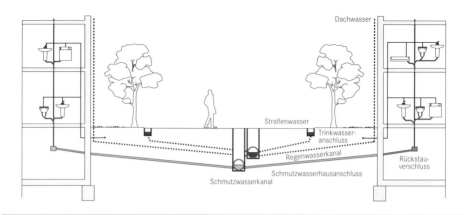

Abb. 53: Prinzip der Trennkanalisation

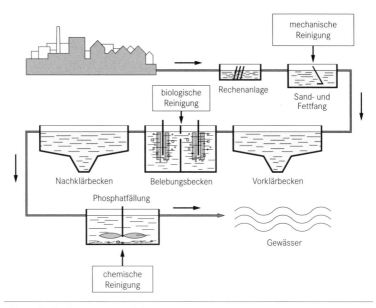

Abb. 54: Stufen der Abwasserreinigung

Bakterien befreit, und durch chemische Behandlung werden Phosphate, Schwermetalle und Stickstoffverbindungen beseitigt. > Abb. 54 Nach der Reinigung werden alle städtischen Abwässer in Vorfluter, also natürliche Gewässer, eingeleitet. Doch trotz einer aufwendigen, kostenintensiven Klärtechnik gelangen über das gereinigte Abwasser zu viele Nähr- und Schadstoffe in die natürlichen Gewässer, überdüngen sie und sorgen dort für vermehrtes Pflanzenwachstum.

Naturnahe Kläranlagen

Die Überlegung, Abwasser auf natürliche und weniger energieintensive Art zu reinigen, ist nicht neu. Naturnahe Kläranlagen sind in der Regel dezentrale, also in kleinem Maßstab angelegte Entsorgungssysteme, die schon seit Langem in ländlichen Gegenden eingesetzt werden, wo der Weg zu einer öffentlichen Abwasserleitung möglicherweise zu lang und ein Anschluss daran zu kostenintensiv erscheint.

Aufgrund zunehmender Qualitäts- und Kostenprobleme bei der Abwasserentsorgung rückten jedoch vor einigen Jahren dezentrale, naturnahe Klärverfahren auch in das Blickfeld umweltbewusster Planer. In zahlreichen ökologischen Siedlungsprojekten wurden Pflanzenkläranlagen angelegt, die das gesamte anfallende Abwasser auf dem eigenen Grundstück klären. Einerseits sollen diese Anlagen die öffentliche Kanalisation

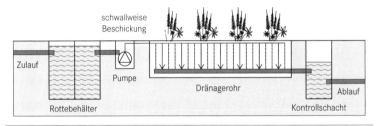

Abb. 55: Pflanzenkläranlage mit vertikaler Durchströmung

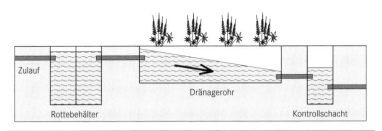

Abb. 56: Pflanzenkläranlage mit horizontaler Durchströmung

entlasten, andererseits aber auch das ökologische Bewusstsein für den natürlichen Wasserkreislauf schärfen und die Verantwortung dafür an den Einzelnen zurückgeben.

Natürliche Klärverfahren verzichten nach Möglichkeit auf den hohen Technik-, Energie- und Installationsaufwand herkömmlicher Klärmethoden, erzielen aber dennoch eine sehr gute Reinigungsleistung. Für den eigentlichen Reinigungsprozess des Abwassers ist kaum Fremdenergie erforderlich, jedoch haben naturnahe Klärverfahren einen hohen Flächenbedarf. Die Dimensionierung der Anlage insgesamt hängt davon ab, welchen Verschmutzungsgrad das zu klärende Abwasser aufweist.

Pflanzenkläranlagen gehören zu den naturnahen Verfahren zur Abwasserklärung, die am meisten verbreitet sind. Es handelt sich hierbei um mit Schilfpflanzen bewachsene Abwasserteiche, deren Reinigungsleistung in erster Linie durch pflanzliche und tierische Mikroorganismen erfolgt. Nicht die Pflanzen selbst sorgen also für die Klärung des Wassers, sondern Mikroorganismen, die an deren Wurzeln leben, ernähren sich von den im Abwasser enthaltenen Nährstoffen und reinigen es auf diese Weise. Meist besteht der Grund des Abwasserteiches aus sandigen Bodenfiltern, die entweder vertikal oder horizontal vom Abwasser durchströmt werden. Zum Absetzen der im Abwasser enthaltenen Feststoffe wird ein Rottebehälter oder eine sogenannte Dreikammergrube als eine

Pflanzen-
kläranlagen

Abb. 57: Schönungsteich

Art Filter vorgeschaltet. Hier findet durch permanente Luftzufuhr ein Kompostierungsprozess des Klärschlamms statt.

Zunächst fließt schwach verschmutztes Grauwasser aus Duschen oder Waschbecken oder Schwarzwasser aus den Toiletten über ein separates Leitungsnetz per Schwerkraftentwässerung aus dem Gebäude und wird dann durch den im Erdreich liegenden Rottebehälter hindurchgeleitet und so von den groben Inhaltsstoffen befreit. Von dort aus wird das Abwasser nach dem Prinzip der vertikalen Durchströmung, bei der die Fläche kleiner, der Bodenfilter dafür aber tiefer angelegt ist, mit einer Pumpe schwallweise auf dem Schilfbeet verteilt. > Abb. 55

Bei dem Prinzip der horizontalen Durchströmung, einem flächigen, aber weniger tiefen System, fließt das Schmutzwasser langsam quer durch das Schilfbeet hindurch und wird dabei gereinigt. > Abb. 56 Ausgewählt werden die Systeme nach der zur Verfügung stehenden Fläche im Außenbereich des Gebäudes. Bei manchen Abwasserklärmethoden werden auch beide Durchströmungsarten hintereinander durchlaufen, um eine optimale Reinigungsleistung zu erzielen.

Das Schilfbeet selbst besteht lediglich aus einem Filterbett aus Sand und Kies. Da das Abwasser meist unmittelbar in den Bodenfilter sickert, ist nicht unbedingt eine Wasserfläche, sondern lediglich die bepflanzte Fläche zu sehen. Im Anschluss an den mehrstufigen Reinigungsprozess kann das Wasser über einen Kontrollschacht, in dem die Qualität des Abwassers regelmäßig geprüft wird, entweder in einen Vorfluter oder in einen Schönungsteich geleitet werden, der bei entsprechender Wasserqualität als Badeteich genutzt werden kann. > Abb. 57 Das geklärte Wasser könnte aber ebenso als Brauchwasser für die WC-Spülung verwendet werden. > Kap. Abwasser, Nutzung von Abwässern

Naturnahe Klärverfahren benötigen sehr viel Fläche, um funktionieren zu können, insbesondere dann, wenn Schwarzwasser geklärt werden soll. Jedoch ist der ästhetische und natürliche Wert einer Schilffläche sicher höher einzuschätzen als der eines herkömmlichen Kläranlagengeländes. Pflanzenkläranlagen stellen nicht ausschließlich eine ökologische Alternative zu herkömmlichen Klärverfahren dar. Auch wenn Gebäude zu weit von der öffentlichen Kanalisation entfernt liegen, kann eine naturnahe Kläranlage für die Klärung des Abwassers sorgen.

UMGANG MIT REGENWASSER

Auch Regenwasser ist ein Teil des Wasserkreislaufes in Gebäuden, weil es vom Gebäudedach und von versiegelten Flächen des Grundstücks als Schmutzwasser abfließt und zusammen mit dem häuslichen Abwasser entsorgt werden muss.

Die starke Versiegelung der Städte bringt mit sich, dass Regenwasser nicht auf einfachem Weg in den Boden sickern und über den natürlichen Kreislauf ins Grundwasser gelangen kann, wie es wünschenswert und oft auch möglich wäre. Stattdessen wird es über ein Leitungssystem in die Kanalisation abgeführt. > Abb. 58 Bei stärkeren Regenfällen zeigt sich jedoch, dass die Aufnahmekapazität der Kanäle oftmals nicht ausreicht, sodass immer größere Mengen von mit Regenwasser vermischtem Schmutzwasser ungereinigt in Flüsse und Seen fließen.

Anstelle der schnellen Abführung des Regenwassers in die Kanalisation wird heute eine langsame und differenzierte Ableitung ohne Vermischung mit Schmutzwasser angestrebt. Bei der Auswahl der geeigneten

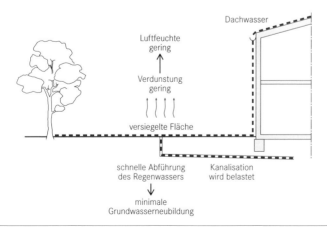

Abb. 58: Konventionelle Regenwasserableitung

Muldenversickerung

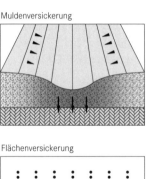

Rohr- und Rigolenversickerung

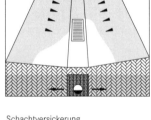

Flächenversickerung

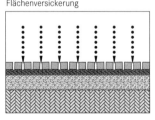

Schachtversickerung

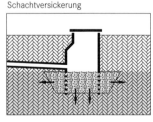

Abb. 59: Möglichkeiten der Regenwasserversickerung

Systeme sind sowohl die Häufigkeit und Menge der örtlichen Niederschläge als auch die Bodenbeschaffenheit und die Höhe des Grundwasserstandes zu beachten.

Regenwasserversickerung

Um den natürlichen Wasserkreislauf zu erhalten, sollten insbesondere in Wohngebieten nicht überbaute Flächen, Wege und Plätze möglichst wasserdurchlässig gestaltet werden, beispielsweise mit Rasen oder Kies. Auch durch das Entsiegeln bereits bebauter Oberflächen kann erreicht werden, dass Regenwasser auf natürliche Weise in den Boden gelangt und der Grundwasserspiegel wieder steigt.

Für die Möglichkeiten einer Regenwasserversickerung ist die Bodenbeschaffenheit des Grundstücks entscheidend. Je sandiger der Boden ist, desto durchlässiger ist er auch, und die Versickerung kann auf einfache Weise erfolgen. Ist der Boden zu lehmig oder tonig, sodass Niederschlagswasser nicht ohne Weiteres versickern kann, sind besondere Einrichtungen vorzusehen, etwa grasbewachsene Mulden, die das Wasser kurzzeitig einstauen, Mulden-Rigolen- oder Schachtversickerungssysteme usw. > Abb. 59 Sie verzögern den Abfluss des Niederschlagswassers und halten bei Starkregen das Wasser zurück, sodass die Kanalsysteme nicht überlastet und Hochwasserspitzen verringert werden. Auch das Stadtklima erfährt durch die Regenwasserversickerung eine deutliche Verbesserung.

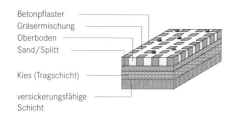

Betonpflaster
Gräsermischung
Oberboden
Sand/Splitt

Kies (Tragschicht)

versickerungsfähige
Schicht

Abb. 60: Prinzip der Flächenversickerung

Abb. 61: Rasengittersteine zur Flächenversickerung

Durch Versickerungssysteme auf dem Grundstück werden die Anschlusskosten an die Kanalisation reduziert. Durch Unterhaltungs- oder Pflegeaufwendungen bei komplexeren Retentionsmaßnahmen wie z. B. Dachbegrünungen in Kombination mit Regenwasserteichen oder umfassenden Versickerungssystemen – beispielsweise Mulden-Rigolen-Systeme – können die Kosten jedoch wieder steigen.

Bei der Flächenversickerung versickert Regenwasser ohne vorheriges Einstauen im Boden. Eine Möglichkeit der Flächenversickerung stellen Rasengittersteine dar > Abb. 60 und 61 oder wasserdurchlässige Pflasterungen, die sich insbesondere für Parkflächen, Wohn- oder wenig genutzte Fahrwege eignen. Auch eine Rasenfläche oder ein Kiesweg kann als Versickerungsfläche dienen, wenn die Bodenbeschaffenheit günstig ist. Eine erste Reinigung des Regenwassers erfolgt bei der Flächenversickerung bereits in der obersten Bodenschicht. Infolge des langsamen Abflusses durch die Schichten des Erdreichs wird der Reinigungsprozess bis in das Grundwasser fortgeführt. Flächenversickerung

Die Muldenversickerung zählt zu den Oberflächenversickerungen mit Verzögerung des Regenwasserabflusses. Eine Versickerungsmulde ist eine grasbewachsene Vertiefung im Boden, in der Regenwasser einige Stunden eingestaut werden kann. > Abb. 62 Innerhalb dieser Zeit sickert das Wasser langsam in das Erdreich ein und gelangt schließlich ins Grundwasser. Muldenversickerung

Der Flächenbedarf einer Versickerungsmulde ist geringer als der einer Flächenversickerung. Bei einer Einstautiefe von 30 cm werden etwa 10 bis maximal 20 % der angeschlossenen Dachflächen für die Bemessung zu Grunde gelegt. Die Reinigung des Regenwassers erfolgt durch das Passieren der unterschiedlichen Bodenschichten. Versickerungsmulden sind kostengünstig herzustellen und erfordern einen geringen Wartungsaufwand. Sie können überdies gestalterisch in Frei- und Grünräume eingebunden werden.

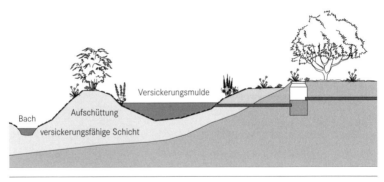

Bach
Aufschüttung
versickerungsfähige Schicht
Versickerungsmulde

Abb. 62: Muldenversickerung

Mulden-Rigolen-
Systeme
Bei einem Mulden-Rigolen-System werden zwei Versickerungsmög-
lichkeiten miteinander kombiniert, die grasbewachsene Versickerungsmulde und ein Kiesbett (Rigole), in dem meist zusätzlich ein Drainagerohr
verlegt wird. Die oberste, etwa 30 cm dicke Schicht der Mulde dient als
Speicher und Filter des Regenwassers. Aus der Mulde wird es punktuell
oder flächig in die Rigole eingeleitet, die mit Grobkies gefüllt und mit
einem Filtervlies ummantelt ist. Der Restabfluss des Regenwassers wird
mit Hilfe des Drainagerohrs langsam weitertransportiert und gelangt
schließlich zu einem Vorfluter oder in die Kanalisation. Auf dem Weg dorthin verteilt und reduziert sich die Wassermenge durch das poröse Rohr
zunehmend, sodass nur ein sehr geringer Teil des Regenwassers am Ziel-
ort ankommt. Die Mulden-Rigolen-Versickerung ist auch für schlecht
durchlässige Böden und gleichzeitig große Wassermengen geeignet.

Regenwasserretention

Unter Retention wird die Rückhaltung von Regenwasser verstanden.
In einer größeren Stadt könnten dem Kanalnetz durch die Rückhaltung
von Regenwasser viele Millionen Liter Abwasser erspart bleiben. Reten-
tionssysteme sollen den direkten Abfluss des Regenwassers in die Kanalisation verzögern und gleichzeitig verringern. Im Wesentlichen lässt sich
diese Verzögerung durch Gründächer oder Retentionsteiche erreichen.
Je nach Aufbauhöhe des Substrates speichern Gründächer das Niederschlagswasser und geben es verzögert und um zwei Drittel verringert an
die Kanalisation ab. Sie verbessern das Stadt- und insbesondere das ört-
liche Mikroklima und sind durch die Verdunstung in der Lage, an heißen
Sommertagen zu kühlen und Staub zu binden.

Dachbegrünung
Bei der Dachbegrünung wird zwischen extensiver und intensiver
Dachbegrünung unterschieden. Während die extensive Begrünung aus
einem 3 bis 15 cm hohen Substrataufbau besteht, wird für eine intensive
Begrünung ein Substrataufbau von etwa 15 bis 45 cm benötigt. Beide

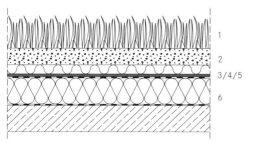

	1 Vegetationsschicht
1	2 Substrataufbau
2	3 Filtervlies
3/4/5	4 Dränschicht
6	5 Wurzelschutzschicht
	6 Dämmung

Abb. 63: Gründach mit typischem Aufbau

Gründacharten bestehen oberhalb des üblichen Dachaufbaus aus einer Trennschicht zur Dachhaut als Wurzelschutz, die verhindern soll, dass Pflanzenwurzeln die Dachhaut zerstören. Dazu kommen eine Dränschicht, die das Restregenwasser abführt, sowie die eigentliche Vegetationsschicht. > Abb. 63 Beim Dachaufbau kann es sich um Warm-, Kalt- oder Umkehrdächer handeln, die sich durch Lage und Belüftung der Dämmschicht unterscheiden.

Zur extensiven Dachbegrünung mit einem geringen Substrataufbau zwischen 3 und 7 cm werden Moose und Sukkulenten mit minimalem Wasser- und Nährstoffbedarf gepflanzt. Einen etwas höheren Bodenaufbau bei geringem bis mäßigem Wasserbedarf benötigen Gräser oder Kräuter. Die intensive Dachbegrünung besteht aus höher wachsenden Gräsern, Stauden oder Gehölzen. Je höher der Substrataufbau angelegt wird, desto wirkungsvoller sind die Regenwasserrückhaltung und die Verdunstungsleistung des Daches. Demgegenüber sind jedoch Pflegeaufwand und Lastannahmen für die Dachkonstruktion höher einzustufen.

Jedes Flachdach kann mit einer Dachbegrünung versehen werden, wenn die Dachkonstruktion hierfür geeignet und hinreichend abgedichtet ist und die Belastbarkeit des Daches das erhöhte Gewicht des Substrates ermöglicht. Bei geneigten Dächern bis etwa 15 Grad sind darüber hinaus keine besonderen Sicherheitsmaßnahmen zu treffen, bei stärker geneigten Dachflächen werden sogenannte Schubsicherungen erforderlich, die dafür sorgen, dass der aufgebrachte Mutterboden nicht abrutschen kann.

Beim Gründach wird das Regenwasser durch Pflanzen und Bodenschichten mechanisch gereinigt. Daher könnte es anschließend in einer Zisterne gesammelt und als Betriebswasser für die WC-Spülung genutzt werden. Da durch das Einstauen jedoch nur noch ein Drittel des anfallenden Regenwassers in der Zisterne ankommen würde, lohnt sich der Einbau eines zweiten Leitungsnetzes meist nicht. Über die generelle

Abb. 64: Gestaltungselement für die Regenwasser-ableitung

Entlastung der Kanalsysteme durch die Retention hinaus bieten Gründächer einen Ausgleich von Temperaturextremen und verbessern den sommerlichen und winterlichen Wärmeschutz des Gebäudes.

Retentionsteiche   Retentionsteiche nehmen das von den Dächern abfließende Wasser auf und unterscheiden sich von Muldensystemen, indem sie nach unten mit einer Teichfolie abgedichtet sind und ständig Wasser enthalten. Als Biotop angelegt, sind Retentionsteiche überdies an den Uferzonen bepflanzt und stellen Lebensraum für zahlreiche Tierarten zur Verfügung. Das Regenwasser wird meist oberirdisch über Wasserläufe von den Dächern in den Teich geleitet. Der Überlauf des Teiches erfolgt bei Starkregen meist in eine benachbarte Muldenversickerung. Retentionsteiche können mit ihrem hohen Gestaltungswert Freiräume in Siedlungsbereichen aufwerten.

Gestaltung mit Regenwasser   Zur Verbesserung des Nutzwertes von Freiräumen und Erlebnisbereichen können auch gestalterische Elemente zur Regenwasserversickerung oder zur Regenwasserrückhaltung genutzt werden. Anstelle von unterirdischen Kanälen wird das Wasser dabei durch offene Rinnen und Bachläufe geleitet und kann auf diese Weise überhaupt erst als wichtiges ○ Lebenselement wahrgenommen werden. > Abb. 64

NUTZUNG VON ABWÄSSERN

Angesichts der Tatsache, dass sich die Trinkwasseraufbereitung durch den immer höheren Schadstoffeintrag zunehmend kostspieliger und aufwendiger gestaltet, aber nur für wenige Bereiche tatsächlich qualitatives Trinkwasser benötigt wird, ist es unverständlich, dass Millionen Kubikmeter Regen- und Abwasser jährlich ungenutzt in der Kanalisation verschwinden. In den letzten Jahren wurden deshalb zunehmend Konzepte entwickelt, die eine Substitution des Trinkwassers durch Regen- oder Grauwassernutzung ermöglichen.

Regenwassernutzung

Die Nutzung des Regenwassers spart Trinkwasser und entlastet Kanalisation und Klärwerke. Für die WC-Spülung, die Gartenbewässerung und die Waschmaschine ist der Einsatz von Regenwasser hygienisch unbedenklich, sofern es weder Schwermetalle noch andere toxische

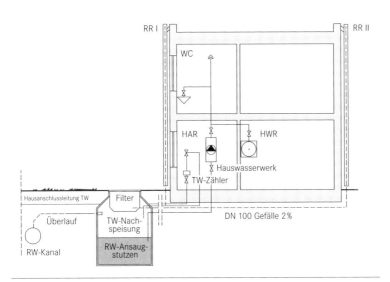

Abb. 65: Regenwassernutzungsanlage mit Leitungsführung

	Dachdeckung und -neigung mit hohem Abflussbeiwert
	druckloser Wasserspeicher / Zisterne
	Fallrohr mit Filtereinsatz
	vom TW getrenntes Leitungsnetz
	automatisch geregelte Pumpe
	Trinkwassernachspeisung mit freiem Auslauf (verhindert ein Rücksaugen des Trinkwassers)
	Überlauf, z.B. in die Kanalisation

Abb. 66: Typische Komponenten einer Regenwassernutzungsanlage

Stoffe enthält. Die Qualität des anfallenden Regenwassers ist abhängig vom Ort und der Beschaffenheit der abführenden Flächen. Die Dachfläche könnte beispielsweise mit Straßenstaub oder Vogelkot verunreinigt sein und aus diesem Grund zu viele Keime aufweisen. Auch bei der Entwässerung von Straßen- oder Parkflächen ist das Wasser wegen möglicher Benzin- oder Ölrückstände für eine weitere Nutzung ungeeignet. In diesem Fall sollte auf die Regenwassernutzung besser verzichtet werden. Die Anlagenkomponenten einer Regenwassernutzungsanlage lassen sich ansonsten mit relativ geringem Aufwand in ein Gebäude einplanen.
> Abb. 65 und 66

Auffangfläche Dach   Für das Sammeln und Nutzen von Regenwasser ist als Auffangfläche die Größe und Beschaffenheit der Dachfläche entscheidend. Ist die Dachoberfläche glatt, kann eine größere Menge Regenwasser abfließen, als wenn sie aus porösem Material besteht, das einen Teil des Wassers aufnimmt und verdunsten lässt. Alle üblichen Dachmaterialien, wie z.B. Tonziegel, Betondachsteine oder Schiefer, sind für das Auffangen von Regenwasser geeignet. Bei Metalldächern kann es jedoch zum Vergrauen der Wäsche kommen, sofern auch eine Waschmaschine an die Regenwasserleitung angeschlossen wird. Soll ausschließlich die WC-Spülung mit Regenwasser versorgt werden, bestehen auch bei Metalldächern keine Bedenken.

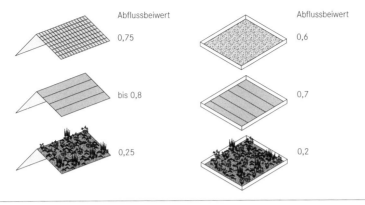

Abflussbeiwert 0,75

Abflussbeiwert 0,6

bis 0,8

0,7

0,25

0,2

Abb. 67: Abflussbeiwerte verschiedener Dächer

Die Menge des Regenwassers, das in der Zisterne ankommt, ist von der Niederschlagsmenge und -häufigkeit sowie dem Abflussbeiwert des Daches abhängig. Ein Abflussbeiwert von 0,75 bedeutet, dass 75 % des auf dem Dach ankommenden Niederschlags über die Regenfallleitung in die Zisterne abfließen können. Die Höhe des Abflussbeiwertes liegt generell zwischen 0,0 und 1,0 und ist vom Material der Dachdeckung abhängig. Je glatter das Material ist, desto höher ist auch der Abflussbeiwert. > Abb. 67

Als Sammelbehälter dient eine Zisterne, die das über Regenfall-leitungen und Filter abfließende Dachflächenwasser aufnimmt und spei-chert. Sie ist in ihrer Größe und Lage variabel. Erdverlegte Zisternen sind zu empfehlen, wenn kein Kellerraum im Gebäude vorhanden ist. Ansons-ten werden die Tanks aus lichtundurchlässigem Kunststoff in einem mög-lichst gleichbleibend kühlen und dunklen Kellerraum aufgestellt, um eine Keimentwicklung und Algenbildung im Wasser zu verhindern. Zisternen sind in verschiedenen Größen ab ca. 1000 l erhältlich. Bei sehr hohem Bedarf werden entweder mehrere Kunststofftanks gekoppelt, oder es wird eine wasserdichte, erdverlegte Betonzisterne in beliebiger Größe hergestellt.

Die Auslegung der Speichergröße richtet sich sowohl nach dem Regenwasserdargebot als auch nach dem Regenwasserbedarf. Für die Berechnung des Regenwasserdargebots sind die regionalen Nieder-schlagshöhen maßgeblich, die beim zuständigen Wetteramt erfragt wer-den können. Beispielsweise liegen sie in Deutschland je nach Region zwi-schen 600 und 800 mm pro Jahr. Die Länge einer Trockenperiode beträgt hier durchschnittlich etwa 21 Tage. Für die Bemessung des Regen-wasserdargebots muss darüber hinaus die Größe der Dachfläche und der Abflussbeiwert des Dachmaterials zu Grunde gelegt werden.

Sammelbehälter
Zisterne

Berechnung der
Speichergröße

Berechnung des jährlichen Regenwasserdargebots in ltr/a:

- Auffangfläche (m^2) × Abflussbeiwert (w) × jährl. Niederschlagshöhe (mm/a)

Berechnung des Betriebswasserjahresbedarfs in ltr/a:

Personenbezogener Tagesbedarf × Anzahl Personen × 365 Tage

Berechnung des Speichervolumens in ltr:

$$\frac{\text{Betriebswasserjahresbedarf} \times 21 \text{ Tage}}{365 \text{ Tage}}$$

Bei einem ausgeglichenen Verhältnis von Regenwasserertrag und Betriebwasserbedarf hat sich eine Speichergröße von ca. 5 % des Jahresertrages als ausreichend erwiesen.

Trinkwasser-nachspeisung und Verteilung

Für Trockenperioden ist eine Möglichkeit der Nachspeisung von Trinkwasser aus dem öffentlichen Netz vorzusehen. Die Nachspeisung kann über einen freien und frostsicheren Auslauf direkt in die Zisterne oder innerhalb einer Hauswasserstation im Gebäude erfolgen. Eine Hauswasserstation beinhaltet die Pumpe für die Beförderung des Regenwassers, die Steuerung der Anlage, eine Regelung des Anlagendrucks sowie weitere Sicherheitseinrichtungen. In jedem Fall muss bei der Nachspeisung sichergestellt sein, dass Trinkwasserleitungen nicht unmittelbar mit Regenwasser in Berührung kommen, um den Schutz des Trinkwassers im öffentlichen Netz zu gewährleisten. Überschüssiges Wasser, das die Zisterne nicht mehr aufnehmen kann, muss über einen Notüberlauf in die öffentliche Kanalisation geleitet werden können.

Grauwasserrecycling

In hochverdichteten Innenstadtgebieten, wo zur Klärung des Abwassers der Platz für eine Pflanzenkläranlage generell nicht ausreicht, eignen sich für die Reinigung und Wiederverwendung von schwach verschmutztem Wasser auch biologische Grauwasserreinigungsanlagen. Sie lassen sich am besten im Kellergeschoss von Gebäuden unterbringen und setzen sich, je nach Reinigungsverfahren, aus unterschiedlichen An-

■ **Tipp:** Die Dachfläche wird bei der Regenwassernutzung in der Projektion ermittelt. Es wird also die Fläche zu Grunde gelegt, die von oben zu sehen ist.

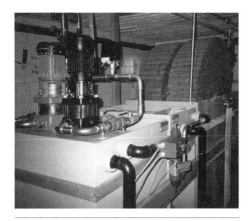

Abb. 68: Tauchtropfkörperanlage

lagenkomponenten zusammen. Welche Anlage eingesetzt wird, entscheidet sich nach dem zur Verfügung stehenden Platz, der Anzahl der Nutzer und dem möglichen Kostenrahmen. Schwarzwasser muss bei diesen Anlagen getrennt in die öffentliche Kanalisation abgeführt werden.

Eine Tauchtropfkörperanlage beispielsweise besteht aus einem Absetzbecken, einer mechanischen Reinigung in einem Vorhaltebecken sowie einem Schöpfrad, welches das Grauwasser kontinuierlich in einen sich drehenden Tauchtropfkörper befördert. > Abb. 68 Der Tauchtropfkörper besteht aus Polyethylen-Filterrohren, welche die Bewuchsfläche für einen Mikroorganismenteppich darstellen, der für einen großen Teil der Reinigungsleistung verantwortlich ist. Der Tauchtropfkörper rotiert mit etwa 0,5 Umdrehungen pro Minute und ist immer bis über die Hälfte in das Abwasserbecken getaucht, während die andere Hälfte durch den Kontakt mit der Luft die Mikroorganismen mit Sauerstoff versorgt. Die auf dem Tauchtropfkörper bei diesem Vorgang ständig anwachsende Biomasse löst sich nach einiger Zeit schließlich von dem Rotationskörper und sinkt auf den Boden des Wassers ab. Das geklärte Abwasser ist nach dem Durchlaufen der verschiedenen Reinigungsstufen nicht mehr fäulnisfähig und kann als Betriebswasser genutzt werden.

Eine weitere Möglichkeit der Grauwassererklärung stellt die Membranfilteranlage dar, die das Grauwasser zunächst in einem belüfteten Sieb mechanisch vorklärt, mit Hilfe von Mikroorganismen und Sauerstoffzufuhr von den organischen Bestandteilen befreit und anschließend beim Durchfließen durch mehrere, nebeneinander angeordnete Mikrofiltrationsmembrane reinigt. Die Membranfilteranlage ist ein geschlossenes System, das sich problemlos und Platz sparend in einem Kellerraum aufstellen lässt.

Tauchtropf-
körperanlage

Membranfilteranlage

Grauwasserrecycling zählt zu den umweltschonenden Abwasserbehandlungsverfahren. Es sorgt wie auch die Regenwassernutzung dafür, dass weniger Trinkwasser kostenintensiv gereinigt und über weite Strecken in die Haushalte transportiert werden muss. Darüber hinaus wird der Abwasseranfall reduziert und die Kläranlage entlastet. Wird das aufbereitete Wasser versickert, unterstützt es die Grundwasserneubildung und damit den natürlichen Wasserkreislauf.

Mit der Abwasserklärung und ihren aufgezeigten umweltschonenden Alternativen schließt sich der in seinen einzelnen Stationen beschriebene Wasserkreislauf, da das geklärte Abwasser in natürliche Gewässer zurückbefördert wird. Mit der Trinkwassergewinnung und der erneuten Versorgung von Gebäuden beginnt der Kreislauf von vorn.

Schlusswort

Die Auseinandersetzung mit dem Thema Brauchwasser zeigt, dass heute eine große Variationsbreite im Umgang mit Trink- und Abwasser existiert und dass darüber hinaus eine komplexe und sorgfältige Planung durch die Architekten notwendig ist, um ein Trink- und Abwasserleitungsnetz einschließlich der daran angeschlossenen Sanitärgegenstände sinnvoll in ein Gebäude zu integrieren.

Um jedoch zu einer nachhaltigen Entwicklung im Umgang mit der Ressource Wasser zu gelangen, wie das derzeit insbesondere im Bereich des energiesparenden Bauens geschieht, besteht weiterhin großer Handlungsbedarf. Auch wenn im Wesentlichen nur in niederschlagsarmen Ländern dauerhafte oder temporäre Wasserknappheit auftritt, müssen übergreifende Lösungen umgesetzt werden, die den natürlichen Wasserkreislauf langfristig sichern und nicht belasten. Anstatt immer aufwendigere und kostspieligere Reinigungs- und Aufbereitungstechniken für Trinkwasser zu entwickeln, sollten Schadstoffe nach Möglichkeit gar nicht erst ins Grundwasser gelangen. Um dies umzusetzen, sind jedoch komplexe Maßnahmen erforderlich, die außerhalb der Einflussnahme eines Gebäudeplaners liegen.

Architekten können insofern Einfluss auf den Umgang mit Wasser nehmen, als sie Bauherren entsprechend beraten und ihnen das Spektrum der Möglichkeiten innerhalb ihres Gebäudes aufzeigen – nicht nur, um zu einem anspruchsvoll gestalteten Bad, sondern auch, um zu einem sparsamen Umgang mit Trinkwasser und damit zu einer geringeren Menge Abwasser zu gelangen. Einfache Maßnahmen zur Reduzierung des Trinkwasserverbrauchs wie Spararmaturen oder auch weitergehende Einrichtungen zur Verwendung des Regenwassers sowie die verschiedenen Formen der Abwassernutzung und der Regenwasserbewirtschaftung bieten umweltfreundliche Alternativen zu herkömmlichen Wasser- und Abwassertechniken. Darüber hinaus unterstützen sie den nachhaltigen Schutz des kostbaren Trinkwassers. Weiterentwicklungen auf diesem Gebiet werden schon allein aus Kosten- und Umweltschutzgründen zukünftig großen Wert auf den Aspekt der Wasser- und Energieersparnis legen. Anlagen zur Erwärmung des Trinkwassers mit Hilfe von Solarenergie unterstützen dieses Prinzip. Wenn die Bereitschaft vorhanden ist, können problemlos Konzepte zur Regen- oder Grauwassernutzung umgesetzt werden. Insgesamt werden diese Maßnahmen, auch wenn jede einzelne keine große Wirkung zu haben scheint, in ihrer Breitenwirkung maßgeblich zum Gewässerschutz und zur Stabilisierung des Wasserkreislaufs beitragen.

Anhang

LITERATUR

Klaus Bahlo, Gerd Wach: *Naturnahe Abwasserreinigung – Planung und Bau von Pflanzenkläranlagen*, Ökobuch Verlag, Staufen im Breisgau 2005

Gustav A. Boger, Thomas H. Klümper u. a.: *Praxis der Trinkwasserinstallation*, 1. Auflage, Krammer Verlag, Düsseldorf 2002

Dirk Bohne, Edwin Wellpott: *Technischer Ausbau von Gebäuden*, 10. Auflage, Vieweg & Teubner, Wiesbaden 2012

Tanja Brotrück: *Basics Dachkonstruktion*, Birkhäuser Verlag, Basel 2007

Klaus Daniels: *Technologie des ökologischen Bauens*, 2. Auflage, Birkhäuser Verlag, Basel 1999

Herbert Dreiseitl, Dieter Grau, Karl H. C. Ludwig (Hrsg.): *Waterscapes – Planen, Bauen und Gestalten mit Wasser*, Birkhäuser Verlag, Basel 2001

Hugo Feurich, Dieter Benno Bartz: *Sanitärtechnik*, 10. erweiterte Auflage, Krammer Verlag, Düsseldorf 2011

Alfons Gassner: *Der Sanitärinstallateur*, 7. Auflage, Verlag Handwerk und Technik, Hamburg 2011

Wolfgang Geiger, Herbert Dreiseitl: *Neue Wege für das Regenwasser*, 3. Auflage, Oldenbourg Industrieverlag, München 2009

Detlef Glücklich (Hrsg.): *Ökologisches Bauen – Von Grundlagen zu Gesamtkonzepten*, DVA, München 2005

Hessisches Umweltministerium (Hrsg.): *Nutzung von Regenwasser*, 9. Auflage, Wiesbaden 1999

Christoph Jehle: *Wasser – Gewinnung, Nutzung, Entsorgung*, C. F. Müller Verlag, Heidelberg 2007

Margrit Kennedy, Declan Kennedy (Hrsg.): *Handbuch ökologischer Siedlungs(um)bau*, Kap. *Wasser*, Reimer Verlag, Berlin 1998

Thomas H. Klümper u. a.: *Wasserverwendung, Trinkwasserinstallation*, Oldenbourg Industrieverlag, München 2000

Klaus W. König: *Regenwasser in der Architektur – Ökologische Konzepte*, Ökobuch Verlag, Freiburg 1996

Klaus W. König: *Regenwassernutzung von A–Z, Anwenderhandbuch für Planer, Handwerker und Bauherren*, 6. Auflage, Donaueschingen 2002

Thomas Laasch, Erhard Laasch, Karl Volger: *Haustechnik – Grundlagen, Planung, Ausführung*, 13. Auflage, Springer Vieweg, Wiesbaden 2013

Axel Lohrer: *Basics Entwurfselement Wasser*, Birkhäuser Verlag, Basel 2008

Dieter Longdong, Annette Nothnagel: *Bauen mit dem Regenwasser –
Aus der Praxis von Projekten,* R. Oldenbourg Verlag, München 1999

Ralf Otterpohl: *Abwasser – Handbuch zu einer zukunftsfähigen
Wasserwirtschaft,* Mall-Beton-Verlag, Donaueschingen 1997

Ralf Otterpohl: *Entwicklung eines ökologischen Sanitärkonzeptes, in:
Siedlungswasserwirtschaft – wie weiter?,* Schriftenreihe des BWK,
Heft 2 / 1996

Wolfram Pistohl: *Handbuch der Gebäudetechnik,* Band 1, 8. Auflage,
Werner Verlag, Köln 2013

Thomas Sander: *Ökonomie der Abwasserbeseitigung,* Springer Verlag,
Berlin 2003

Victor Steffens: *Vom Grundwasser zum Abwasser,* Software DVD-ROM,
co.tec GmbH, 2007

Herbert Zierhut: *Sanitär-, Heizungs- und Klimatechnik – Trinkwasseranlagen, Entwässerungsanlagen, Sanitärräume,* 3. Auflage,
Bildungsverlag EINS, 2008

TECHNISCHE REGELWERKE

DIN EN 752	Entwässerungssysteme außerhalb von Gebäuden
DIN EN 805	Anforderung an Wasserversorgungssysteme und deren Bauteile außerhalb von Gebäuden
DIN EN 806-2	Technische Regeln für die Trinkwasser-Installation
DIN EN 1717	Schutz des Trinkwassers vor Verunreinigungen in Trinkwasser-Installationen und allgemeine Anforderungen an Sicherheitseinrichtungen zur Verhütung von Trinkwasserverunreinigung durch Rückfließen
DIN EN 12056	Schwerkraftentwässerungsanlagen innerhalb von Gebäuden
DIN EN 12255	Kläranlagen, Teil 5: Abwasserbehandlung in Teichen

BILDNACHWEIS

Fotos
Alle Fotos von Doris Haas-Arndt

Zeichnungen
Jenny Pottins
Simon Kassner
Helen Weber
Sebastian Bagsik
Indira Schädlich

DIE AUTORIN

Prof. Dr.-Ing. Doris Haas-Arndt, Professorin an der Fachhochschule des Mittelstands, FHM Tec Rheinland, für die Fachgebiete Gebäude- und Umwelttechnik, Energiesparendes Bauen und Bausanierung.

Reihenherausgeber: Bert Bielefeld
Konzept: Bert Bielefeld, Annette Gref
Layout und Covergestaltung: Andreas Hidber
Satzherstellung und Produktion: Amelie Solbrig

Library of Congress Cataloging-in-Publication data
A CIP catalog record for this book has been applied for at the Library of Congress.

Bibliografische Information der Deutschen Nationalbibliothek
Die Deutsche Nationalbibliothek verzeichnet diese Publikation in der Deutschen National-bibliografie; detaillierte bibliografische Daten sind im Internet über http://dnb.dnb.de abrufbar.

Dieses Buch ist auch in englischer Sprache (ISBN 978-3-7643-8854-6) und französischer Sprache (ISBN 978-3-0346-0019-4) erschienen.

© 2015 Birkhäuser Verlag GmbH, Basel
Postfach 44, 4009 Basel, Schweiz
Ein Unternehmen von Walter de Gruyter GmbH, Berlin/München/Boston

Gedruckt auf säurefreiem Papier, hergestellt aus chlorfrei gebleichtem Zellstoff. TCF ∞

Printed in Germany

ISBN 978-3-0356-0565-5

9 8 7 6 5 4 3 2 1

www.birkhauser.com